LA RESPONSABILIDAD SOCIAL Y OTROS MENJURJES

Colección desordenada de artículos y reflexiones

1 DE NOVEMBER DE 2019
J FELIPE CAJIGA
www.4apurpose.org

Copyright 2019 Juan Felipe Cajiga

****

This Book is licensed for your personal enjoyment only. This Book may not be re-sold or given away to other people. If you would like to share this book with another person, please purchase an additional copy for each recipient. If you´re reading this book and did not purchase it, or it was not purchased for your use only, the please return to amazon.com and purchase your own copy. Thank you for respecting the hard work of this author.

****

Contenido

BUSCANDO EL PROPÓSITO Y LO QUE ME ENCONTRÉ. 5
EL FIN DE UNA EMPRESA 21
LA VISIÓN SOCIAL DE LA EMPRESA. 25
LA RESPONSABILIDAD SOCIAL DE LA EMPRESA 31
Las Dimensiones de la Responsabilidad Social 37
LO MÍNIMO QUE ESPERARÍAMOS QUE UNA EMPRESA HICIERA PARA MEJORAR NUESTRA SOCIEDAD.................................. 53
CAPITALISMO CONSCIENTE 56
6 "SENCILLOS" PASOS PARA ALCANZAR EL LIDERAZGO EN RESPONSABILIDAD SOCIAL. 63
LA RESPONSABILIDAD SOCIAL Y EL PROPÓSITO COMO EJES DE LA ACTUACIÓN DE UNA EMPRESA. 70
POR UN NUEVO MODELO DE EMPRESA CENTRADO EN LAS PERSONAS. 75
LOS MUST DE UNA ESR EN EL TEMA DE TRABAJO. 79
LÍDERES CON PROPÓSITO 84
¿A DONDE VA LA GENTE? 90
SECRETOS DE LA FUERZA PARA MEJORAR UN ENTORNO LABORAL...99
EL CÓDIGO JEDI APLICADO A LOS NEGOCIOS 107
EL QUE PARTE Y COMPARTE... 133
VOLUNTARIADO CORPORATIVO: ALGUNOS BENEFICIOS. 138
EL PROPÓSITO MÁS QUE UNA GUÍA PARA LA ACCIÓN EMPRESARIAL 146
DECÁLOGO PARA UNA EMPRESA CON PROPÓSITO. 151
MÁS QUE CUATRO GATOS. 156
TENDENCIAS DE LA RESPONSABILIDAD SOCIAL EMPRESARIAL (RSE) 161
TE RETO a... transformar tu empresa................................ 181
CONSPIRACIÓN O REVOLUCIÓN 187
LA RESPONSABILIDAD SOCIAL TIENE QUE SEGUIR CAMINANDO 193
EL (ANTI)DICCIONARIO DE LA RESPONSABILIDAD SOCIAL EMPRESARIAL SEGÚN LOS NO CREYENTES..................... 200

10 LIBROS PARA LLEERSE 207
REFERENCIAS SOBRE EL PROPÓSITO Y LA EMPRESA 220

Aquí les dejo una colección de escritos, notas y artículos que he escrito a lo largo de los últimos meses, en principio a manera de apuntes personales pero que he decidido hacer públicos tal y como fueron escritos, porque estoy convencido que las ideas y el conocimiento son para compartirlo y así poder contribuir a la discusión y comprensión sobre el rol social y trascendente que tiene la empresa.

Para mi hija la razón detrás del propósito de mi vida.

Para ti, mi cómplice en este propósito.

Para ustedes es este trabajo.

J Felipe Cajiga

¿Cómo podemos crear una economía basada de mercado que no sea explotadora o transaccional? Una economía en la que satisfaga necesidades reales, en lugar de fomentar deseos y adicciones creadas para poder extraer lo más posible de ellos.

Necesitamos empresas que contribuyan a crear bienes y servicios que dignifiquen al hombre, que le proporcione bienestar, que facilite su realización, que le traigan felicidad y que empaticen con sus sueños y preocupaciones. Que nos hagan vivir mejor.

Que nos den trabajo digno y significativo que nos permitan disfrutar de lo que nos gusta y de lo que queremos. Que nos valore por lo que sabemos y lo que aportamos no por los números que incrementamos.

Nuevas empresas a las que la ética no sea más una tarea pendiente, que estén a la altura de nuestra valía, de los sueños de los niños, de la esperanza de los jóvenes, que hagan nuestro Mundo más bello, más seguro y disfrutable.

No tenemos por qué juzgar a la empresa por querer ganar dinero, el problema viene cuando se convierte en un objetivo en sí mismo (obsesión), y se pierde el sentido de trascendencia de la empresa y lo que nace y produce deja de tener el sentido de contribuir a una vida mejor.

BUSCANDO EL PROPÓSITO Y LO QUE ME ENCONTRÉ.

Publicado el 6 de julio 2019

Fue en medio de una situación de salud personal, que comencé a reflexionar sobre el porqué pasaban las cosas que pasaban en la vida, más específicamente trataba de entender por qué estaba pasando lo que viví en ese momento. Todos me decían algo tienes que aprender de todo esto. Y fue así como comencé a reflexionar y a buscar sobre el propósito.

Primero leí entre otras cosas a Víctor Frankl. Si bien no he descubierto el porqué de repente mi salud le puso un alto a mi vida, un giro de timón. Si he aprendido algo, y esto es a reconocer la importancia de encontrar un propósito, y de repente todo comenzó a tener sentido y un lugar en lo que era mi vida antes de. Más de 20 años de estudiar, observar y trabajar alrededor de la Responsabilidad Social Empresarial y encontré aquello que me decía claramente hacia donde se debía de ir, el siguiente paso, aunque debiera ser el primero.

El propósito de la empresa, el propósito del negocio, el propósito de la marca, eso que la lleva a ver más allá de la obtención de las utilidades, que la lleva más allá de hacer aportaciones a la comunidad o de responder para compensar por un impacto negativo producto de su actividad. Lo que en realidad marca la diferencia última y más significativa entre una empresa y otra: su legado. Aquello que, si no existiera, nadie más buscaría aportar.

Cuál fue mi sorpresa que conforme buscaba, encontré más sobre el tema. Existen empresas incluso movimientos que ponen al propósito como el centro o la plataforma para llevar a las organizaciones, pero también a las personas a otro nivel, el de darle un significado a su negocio, a su trabajo y hasta su vida.

Fue así como en poco tiempo he leído y aprendido todo cuanto he podido sobre el

propósito. Llené cuadernos completos de ideas y reflexiones sobre su conexión con la empresa y su desarrollo, su impacto para mejorar nuestro Mundo, nuestras vidas.

Fue así también como descubrí la importancia de comenzar todo con un Porqué, y preguntarlo una y otra vez hasta que descubramos el gran PORQUÉ, que es el propósito.

El propósito es nuestra Misión, pensé. No, la misión es el qué. El propósito es el resultado de nuestra vida, de nuestro trabajo, lo que busca nuestra empresa. No, es la intención llevada al compromiso de acción. Si tenemos éxito, dejaremos un legado, que es nuestro "regalo" a la vida como consecuencia de nuestro actuar intencionado.

Toda empresa al igual que cada persona, tiene reservado un propósito específico el cual debe descubrir, es aquello que llevo a su o sus fundadores a decidir

emprender algo nuevo, su razón última que no fue la de ganar dinero o hacerse millonarios, sino podemos recuperar o preguntar esa historia, entonces deberemos descubrirlo nosotros mismos.

Pero no todas las empresas lo buscan, y no todas las empresas lo encuentran, quizá porque no le dan la importancia, quizá porque no lo saben encontrar, quizá porque creen que es algo así como encontrar un eslogan atractivo para la empresa. Son dos cosas muy distintas responder cuál es tu negocio, a cuál es la vocación de tu negocio. La diferencia está en la profundidad.

El propósito se compone de una mezcla única de sueños, valores, habilidades, necesidades, participantes, relaciones, pasión de la organización como comunidad integrada por personas que cumplen diferentes roles: fundadores, propietarios, directivos, inversionistas,

colaboradores, proveedores, clientes, vecinos y hasta competidores.

Por eso es individual, podemos hablar de dos empresas cementeras y no necesariamente tendrán el mismo propósito y el que tengan será igual de valido que el otro. Eso sí tendrá más éxito el que conecte con una población mayor que la comparta. Por tanto, que esté dispuesta a ir con la empresa a buscarlo sea como cliente, como trabajador, como inversionista, o de la forma que pueda.

Descubrí también que con el descubrir del propósito, viene la responsabilidad y la oportunidad. El propósito nos da una idea de eso que nos toca hacer y que nos conecta con el Mundo, que les da sentido a las cosas, pero también el mejor motivador para prosperar. Más también nos pone el mayor desafío, el del compromiso con él, de trabajar, el de vivir, el de decidir lo que haremos y lo que no, a la luz de ese propósito. Pero lo que

parece complejo en realidad es muy fácil, debes hacer todo lo que sea fiel a tu propósito y dejar a un lado lo que no. Entender que el propósito lo entendemos como un bien superior, que va más allá de nuestros intereses, pero que también nos beneficia.

Perseguir esto implica incertidumbre, sí. Implica riesgo, también. Vulnerabilidad, a veces. Implica recalcular el peso de nuestra voluntad y del amor propio. Es sacar el coraje cuando tu cuerpo dice no puedo y nadie acude tu ayuda. Hasta que algo aflora y te hace poder.

El camino será más llevadero, apasionante y más seguro, si sabemos encontrar o atraer a quienes estén dispuestos a ir contigo porque hay coincidencia en sus propósitos, porque juntos será más seguro que los puedan conseguir.

El propósito es un viaje en constante evolución, nunca sabemos que vendrá

adelante, pero será gratificante descubrirlo. Es lo que nos haga todos los días levantarnos disparados de la cama, sea para buscarlo por nosotros mismos en nuestra empresa o en nuestro proyecto, o sumar mediante el trabajo a aquella empresa con la que coincidimos y al que le daremos con gusto nuestro compromiso, porque estamos por una causa superior y no por una posición o un pago, el cual vendrá y será muy bien recibido y ganado.

Así como Maslow señaló que auto realizarnos es una necesidad humana que nos lleva a buscar la mejor versión de nosotros mismos. El propósito se convierte en el Faro que nos permite tener una guía para el camino. Pero no podemos caminar, sino tenemos la intención de hacerlo. La voluntad entonces resulta un ingrediente indispensable, el combustible que hace trabajar al propósito. Nadie nos puede forzar a buscarlo, al igual a la empresa.

Debe ser una decisión profunda, voluntaria, consensada que nadie podrá tomar por ella, va más allá del deber, de la obligatoriedad.

La vida me obligó a poner en práctica lo que descubrí, todo a mi alrededor, mi día a día que creía que me retaba, resulto que era una zona de confort comparado con lo que se me venía. Era descubrir que sin los títulos y sin el nombre de una empresa detrás, quedas tú. Ni más, ni menos importante, eres tú sin etiquetas, sin roles que te sujeten.

Descubres de repente, una aparente desprotección, soledad, desconcierto de que hacer, a donde ir, de quién eres ahora. La gente que te seguía ya no está. La gente que siempre estuvo siempre está. Descubres sin embargo compañeros silenciosos de camino, los cuales te vieron más de lo que tú mismo sabías y que con su compañía, sus palabras, con hacerte sentir que están ahí para ti, te dan el

mejor regalo que puedes recibir: el cariño, la amistad, la complicidad sincera.

Igual que la empresa, que dejará de tener clientes o consumidores, para tener embajadores, fanáticos, comprometidos con tu marca porque les significa una forma de vivir, una forma de entender la realidad, una forma de contribuir a algo mayor que ellos mismos. Ven los paralelismos, espero que tan claro como lo veo, o quizá hasta mejor.

¿Me puse en un viaje que llevaba dos destinos, será eso posible? Dicen que en el Universo lo macro es micro, entonces porque no podría yo encontrar explicaciones para mi vida, al tiempo que las encontraba para lo que me apasiona que es comprobar que la empresa tiene un rol superior que es la mejor herramienta que tiene el hombre para transformar su realidad, de generar bienestar y de darle a la Sociedad prosperidad. Dejé atrás todo lo que "fui",

todo lo que hacía, debo confesar que no intencionalmente, sino también forzado por cómo se fueron dando las cosas.

Después del año más difícil de mi vida, parecía que todo me daba la espalda, me sumergí en tristeza, en dolor, en duelo, en incógnitas, en nuevas búsquedas. ¿Cómo dije entonces y todavía digo ahora, cuando me preguntan con genuino interés, con morbo o con compasión ahora que vas a hacer? y yo contesto: a reinventarme. Pero que no es construir un nuevo prototipo de mí mismo, es darme una nueva intencionalidad a lo que vivo, a lo que hago y a porqué lo hago. Es como me lo dijo hace poco mi hija: tengo que aprender a soltar con felicidad. Cómo enseño el viejo maestro Yoda a Luke aprender a desaprender.

El camino todavía no termina de quedar claro por completo, de hecho, antes de comenzar a escribir esto, quizá hasta menos claro. Pero conecto mi

pensamiento y mi sentir con mis manos y con mis dedos. Y poco a poco muchas cosas comienzan a ser reveladas, al tiempo que las comparto contigo que me acompañas con la lectura, hasta este punto.

Finalmente lo busco, pero sé que no es una búsqueda que tenga un claro final, sé que se van a abrir nuevos senderos, nuevas preguntas, pero también nuevas respuestas. Que quizá todo ya esté ahí, plasmado como un mapa del tesoro, que hay contiene todo lo que necesitamos saber, pero que hay que descifrarlo. Para ello hay que liberarnos de todo lo que creía saber, de esos antiguos paradigmas y viejas creencias, para que pueda ver lo que está escondido detrás y que debo revelar.

Así la empresa debe aprender a regirse por otra forma de actuación, no dictada por los objetivos de corto plazo, que sólo la llevan a actuar para conseguir los

números como si estos fueran el único indicador de éxito. Y descubrir que cuando se pone un horizonte mayor y más alto, los resultados y las utilidades vendrán en consecuencia.

¡No hay un "eureka"! espontáneo y revelador. ¡Que nos diga de repente no eres más un productor de colchones, sino un procurador de descanso! Pero si en mi caso, de repente caí en la cuenta, que ya no era una tarea ocupacional para sentirme activo y productivo, sino una fuerza magnética que no podía resistir, que tenía que seguir adelante.

Es así como han salido cada uno de los ensayos que a manera de artículos he escrito y compartir en los últimos meses con ustedes. Son pedazos de ese rompecabezas que debo resolver y que de paso le doy aire para ver y leer las reacciones.

Me he encontrado con mucha gente a la que le está hace sentido algo de lo que

escribo, que reflexiona, reacciona, inspira y lo más importante: actúa. Esa es también mi gasolina, es esa motivación que me lleva cada día a irme vencerme a mí mismo, a mis resistencias, a mis carencias, es lo que me ha llevado junto con la fuerza de los míos a volver a caminar primero y a estar de regreso en la vida.

Muchas historias nos hablan de individuos que tuvieron una revelación, que sintieron un llamado. Yo la verdad es que no. Y no creo que debamos esperar que baje algo o alguien del cielo para decirnos lo que tenemos que hacer, o porque lo tenemos que hacer. Pero también escuchas la experiencia y la vida de quien en el camino descubrió su propósito y lo supo plasmar en lo que hizo o en lo que hace. Ahí están los casos de un Steve Jobs, de un Richard Branson, de un Elon Musk, de Bill Gates, de Paul Polman, de Howard Schultz, de John Makey, de nuestro Lorenzo Servitje.

Pero también detrás de esas historias hay muchos momentos difíciles, de trabajo, de fracasos, de nuevos intentos, hasta que llegaron hasta ahí, algunos todavía avanzan. Detrás de cada propósito, hay una historia digna de contar, y es así como llega a más audiencia, como se comprende mejor, como nos conecta con la empatía. La empresa debe contar su historia, como descubrió su propósito, como lo ha vivido, que ha tenido que pasar para llegar hasta este momento, hasta donde está dispuesta a llegar, hasta donde su compromiso, que invitación nos hace para acompañarla.

Es una apuesta, que no sabemos si resultará. Pero nuevamente como dijo Yoda "Do or not Do, there´s no Try" ("Hazlo o no lo hagas, pero no lo intentes").

Actúa con el mayor compromiso de hacerlo, no sólo de intentarlo. El descubrir el propósito es importante,

pero es sólo el primer paso. Si la Responsabilidad Social decía que no era el destino, sino un camino que se debe recorrer permanentemente, el propósito es lo que evita que caminemos como un ratón en su rueda giratoria en un laboratorio. Le da sentido al caminar.

Esta parte de la historia es tan excitante, como aterradora. Así puede resultar al CEO o dueño de una empresa cuando se decide a entrarle al toro, es más fácil quedarse donde están, a dar el primer paso y después tener caminar, pero es y será la diferencia en permanecer vigente, en ser sustentable y en encontrar el éxito duradero en todo lo que hace.

Cuando descubres tu razón, no puedes dejar de seguir avanzar y escribir una historia de la que no conocemos aún el final.

EL FIN DE UNA EMPRESA

Publicado el 15 de mayo de 2019

Por mucho tiempo se ha creído que el propósito de los negocios es maximizar los rendimientos de los accionistas (utilidades). Los ideólogos de los negocios y líderes de empresas de gran éxito están caen en la cuenta de que esta forma de pensar es imperfecta e incluso perjudicial no sólo para la Sociedad, sino que también para la empresa.

Hacer negocios con un propósito más trascendente que generar utilidades de manera consciente, proporciona un enfoque alternativo a la búsqueda esencial de utilidades, más humano y que retoma valores como la confianza, la colaboración y la compasión. No es que la empresa deje de hacer dinero por hacer algo bueno, es hacer algo extraordinario además de hacer dinero.

El propósito permite que la empresa de a conocer a todos sus públicos cuál es aquella contribución que quiere hacer

con su participación; fomenta innovaciones significativas e ideas visionarias y le da un saldo social positivo que ayuda al negocio a superar tiempos difíciles y de crisis. Inyecta mayor poder en el mensaje de su marca, ayuda a atraer [y retener] el talento adecuado, contribuye a la realización personal y una vida bien vivida, y genera mayores resultados financieros en el largo plazo.

La transforma de una empresa que comparte valor, a una empresa que genera valor para todos sus públicos, que deja de buscar hacer menos daño, porque prioriza el bienestar de todos sus públicos a ganar dinero a cualquier precio. Y al final esto le dará más éxito comercial porque el público las elige, las prefiere, las cuida.

Una empresa con propósito es por naturaleza ética, porque habla con la verdad, porque todas sus transacciones

las hace libremente, y quien la contrata lo hace por convicción y voluntariamente. Porque además de su calidad, de su precio ofrece valor social.

Tiene el mejor clima laboral, pues la gente que trabaja con ella lo hace convencida de su proyecto, del cual se siente parte. Porque se sabe cuidado e importante para la empresa, y esto lo paga con lealtad, con creatividad, con productividad y compromiso. Trabaja en un ambiente de confianza y de apertura, donde sus líderes lo empoderan y ponen el ejemplo.

LA VISIÓN SOCIAL DE LA EMPRESA.

Publicado el 6 de febrero de 2019.

La empresa es sin duda un agente importante del desarrollo económico y el avance tecnológico, mismos que han llevado a nuestro planeta a convertirse en una Aldea Global, donde han sido derribadas las barreras de la distancia, el tiempo y las culturas.

En donde tanto los ciudadanos persona como los ciudadanos empresa crecientemente son más interdependientes. Hoy más que nunca elevar y mantener la calidad de vida en niveles de bienestar aceptables, depende de la acción y cooperación a todos los niveles (local, regional, nacional e internacional) y de todos los sectores.

Es necesario alcanzar una conciencia global que involucre a todos en un proceso de desarrollo virtuoso encaminado a la preservación de nuestro ambiente, nuestras herencias y de los valores sociales y culturales; a la promoción de los derechos humanos para

crear en la sociedad los elementos que nos permitan alcanzar la justicia social y la prosperidad económica. En esto la participación del sector empresarial resulta crucial por su capacidad creativa, recursos, talentos y liderazgo.

Los diferentes sectores de la sociedad también están redefiniendo sus roles.

Cuando una empresa adopta un pensamiento socialmente responsable, se convierte casi automáticamente en uno de los más poderosos agentes. Este pensamiento se caracteriza por la coherencia y congruencia ética con las acciones empresariales y las relaciones que sostiene con todos los públicos con los que interactúa, contribuir así con el continuo desarrollo de la gente, de las comunidades y de la relación de ellos con el medio ambiente.

Pero este proceso debe venir acompañado de un ejercicio similar para

otros sectores como lo son el Gobierno y la Sociedad Civil.

Cuando se alinean la ética y la responsabilidad social a sus competencias básicas la empresa aprende a reconocer el valor de ganar el respeto de la gente, en la percepción y preferencias de sus públicos en especial el de sus consumidores; en el soporte y lealtad de sus empleados, accionistas, colaboradores y su comunidad. Por lo tanto, a la capacidad de alcanzar el éxito en su negocio;

La Responsabilidad Social es un factor de éxito en los negocios.

La integridad empresarial es la cualidad de ser honesto, recto, ético y comprometido con sus valores y principios. Es también parte vital de lo que una empresa responsable es y aspira a ser. Es ser entendida como consistente con sus principios y en sintonía con las necesidades y preocupaciones de la

sociedad y de las comunidades en las que existe y vive su negocio.

La reputación de la empresa en la comunidad no es cosa pequeña, resulta de vital importancia para el buen desarrollo de su actividad. El negocio solo prosperará en aquellas comunidades en las que sus habitantes sean capaces de reconocer el valor que les aporta la presencia de la empresa. Existe un término japonés -kyosei- que significa armonía entre el negocio y su entorno físico, económico y social.

La compañía es la sociedad

Las empresas son sin duda una de las más importantes e influyentes instituciones de nuestro tiempo. Los presupuestos de un importante número de ellas exceden incluso el producto nacional bruto de muchas naciones.

El ejercicio del poder económico de las empresas necesariamente influye

profundamente en la calidad de vida de las sociedades. Pero el poder está acompañado por responsabilidades que si se cumplen proveen a la compañía de una oportunidad única de asegurarse de éxito continuo y desarrollo sustentable.

LA RESPONSABILIDAD SOCIAL DE LA EMPRESA

Publicada el 19 de diciembre de 2018

Hace muy poco tiempo, todavía era muy común escuchar que la única responsabilidad de una empresa era obtener utilidades, lo que también significa que quienes trabajaban para ella estaban en el entendido que lo importante es alcanzar metas a corto plazo, sin importar lo que se tuviera que hacer o dejar de hacer. Los directivos y ejecutivos tienen que rendir cuentas a los dueños o accionistas.

Que la empresa se limite a cumplir con la ley no es suficiente ni aceptable. El fácil y amplio acceso a la información con la que cuenta cualquiera, nos permite evidenciar como es que la empresa con sus actividades impacta, ya sea positiva o negativamente, la calidad de vida de las personas y comunidades donde realizan sus operaciones.

La Responsabilidad Social no es el cumplimiento de las normas, ni tampoco

es filantropía que son actos voluntarios y generoso de aportar recursos como donativos a una organización social. Que no está vinculada al negocio, ni a la operación que la empresa realiza en la comunidad.

Las acciones sociales o ambientales asiladas desarrolladas en la comunidad, no implica necesariamente que se tenga un dialogo e interacción con sus diversos públicos. Es necesario que sea incorporada a la cultura de la organización, a los procesos de gestión y a las estrategias de planeación de la empresa.

La Responsabilidad Social debe ser una forma distinta de entender y hacer tu negocio, en la que gestiona sus operaciones en forma prospera en lo económico, justo en lo social y sustentable en lo ambiental.

Es importante que logres que tu organización aprenda a reconocer cuales son las expectativas de cada uno de los distintos públicos con los que se relaciona, como los accionistas, los empleados, la comunidad, los proveedores, los clientes, consideran entre ellos a las generaciones futuras. Para posteriormente hacer un análisis de cómo la empresa influye en sus intereses, pero también que tanto estos grupos pueden influir en el desarrollo del negocio.

Es necesario establecer criterios o políticas de relación en el que predominen el respeto por los valores éticos, las personas, la comunidad y el medioambiente.

Cada empresa tiene un contexto y cultura diferente, es por eso por lo que la responsabilidad social es igualmente única para cada una. Eso explica que existan aún diversas definiciones que dan

una idea bastante amplia del concepto, pero que, por lo mismo, no han logrado encajar en la realidad de todas las empresas. Si esto lo tenemos claro, será mucho más fácil pues podremos adoptar y adaptar la definición que más refleje nuestra realidad.

Yo creo que es importante considerar que esta nos deje en claro como nuestra empresa puede ponerla en práctica. Además, que todos dentro de la organización, se sientan cómodos con ella.

Para mí, es cuando la empresa cumple con su finalidad, considerando las expectativas de todos sus participantes en lo económico, social y ambiental, buscando prevenir los efectos negativos de su actividad y maximizar la generación de valor demostrando el respeto por los valores éticos, la gente, las comunidades y el medio ambiente contribuyendo así para la construcción del bien común.

Es muy importante que sea institucional, esto quiere decir que se sustente en un conjunto integral de políticas, prácticas y programas a lo largo de las operaciones y de los procesos de toma de decisión. Apoyada por los líderes de la empresa.

Las Dimensiones de la Responsabilidad Social

La responsabilidad social no es un hecho único, que pueda entenderse sin reconocer que tiene distintas dimensiones en las que se manifiesta. Solo así se puede ver el alcance que tiene. Debe acompañarse de una actuación consciente y comprometida de mejora continua, que permita a la empresa generar valor y ser competitiva de manera sustentable. El éxito del negocio no será a costa del desarrollo pleno de las personas, de las comunidades en que opera y del entorno. Debe atender de forma justa y equilibrada las expectativas de todos sus participantes: Inversionistas, colaboradores, directivos, competidores, proveedores, clientes, gobierno, vecinos y organizaciones sociales.

La acción responsable es "integral" porque implica el análisis y la definición del alcance que la organización tendrá con relación a las distintas necesidades que conforman el ser y quehacer de las personas y de las sociedades:

Básicas: tales como vivienda, salud, condiciones de vida y trabajo, seguridad e higiene, etc.;

Sociales: el desarrollo personal y colectivo de sus colaboradores, el desarrollo de la comunidad en la que opera, atención a problemas o causas que le son afines, etc.

Políticas: cumplimiento de las normas y disposiciones legales, pago de impuestos y derechos, etc.

Culturales: Conocimiento y educación,

Ambientales: la ecología, el cuidado y el uso responsable de los recursos, etc.

· **En su dimensión económica interna**, se enfoca a la generación y distribución del valor agregado entre colaboradores y accionistas, considerando no sólo las condiciones de mercado sino también la equidad y la justicia.

· **En su dimensión económica externa**, implica la generación y distribución de bienes y servicios útiles y rentables para

la comunidad; la aportación a la causa pública vía la contribución impositiva. Así mismo, debe participar activamente en la definición e implantación de la planeación económica y generación de valor de su región y del país.

· **En su dimensión social interna**, implica el compromiso compartido y subsidiaria de inversionistas, directivos, colaboradores y proveedores, para el cuidado y fomento de la calidad de vida en el trabajo y el desarrollo económico, social y de trascendencia de su gente.

· **En su dimensión sociocultural y política externa,** conlleva acciones y aportaciones propias y gremiales seleccionadas para contribuir con tiempo y recursos a crear condiciones que permitan la expansión del espíritu empresarial y el pleno desarrollo de las comunidades.

· **En su dimensión ecológica interna,** implica la atención de las repercusiones

ambientales de sus procesos, productos y subproductos, y, por lo tanto, la prevención y, en su caso remedio, de los daños que les cause o pudiera causarles.

· **En su dimensión ecológica externa,** conlleva a contribuir a la preservación y mejora de la herencia ecológica común para bien de la humanidad actual y futura.

No se puede ser y hacer todo en todo. Por lo tanto, el análisis lleva a la definición de las estrategias de acción específicas que respondan a las expectativas particulares que se tengan de ella, pero también a un análisis realista de lo que puede aportar y el impacto real que tiene en cada una de estas dimensiones.

La responsabilidad social empresarial se comprende y se ejerce de acuerdo con cuatro ámbitos básicos:

ÉTICA Y GOBERNABILIDAD EMPRESARIAL.

CALIDAD DE VIDA EN LA EMPRESA (DIMENSIÓN SOCIAL DEL TRABAJO)

VINCULACIÓN Y COMPROMISO CON LA COMUNIDAD Y SU DESARROLLO.

MERCADOTECNIA, Salud y seguridad de los consumidores

CUIDADO Y PRESERVACIÓN DEL MEDIOAMBIENTE.

La ética empresarial es la base de relaciones más sólidas entre la empresa sus proveedores, clientes, accionistas y otros, permite la interpretación y solución de controversias de acuerdo con principios que guían la toma de decisiones, formación del personal, evaluación del personal y la forma en que se debe conducir el negocio. "Una empresa ética y socialmente responsable debe contar con mecanismos que aseguren un trato igualitario a todos sus accionistas (shareholders) (grandes y pequeños), así como a los terceros

interesados (grupos de interés / stakeholders), sustentado en un buen sistema de gobierno corporativo.

La gobernabilidad corporativa es el sistema por el cual las empresas son dirigidas y manejadas. Determina cómo los objetivos de la empresa se logran, cómo se monitorea y evalúa el riesgo, y cómo se optimiza el desempeño.

Las empresas existen como consecuencia del aporte de capital de sus dueños, estén organizados como accionistas o de otra manera. El gobierno en las empresas corresponde a la conducción que se hace de ella. En este ámbito resultan altamente sensibles los siguientes temas: transparencia, equidad corporativa, cumplimiento de responsabilidades y prevención de conflictos de interés. Estos temas aplican a las relaciones tanto internas como externas de la empresa, sin olvidar la importancia que merecen

los que conforman grupos minoritarios en la propiedad de estas.

La gobernabilidad corporativa tiene tres dimensiones importantes: ética, eficiencia y responsabilidad. La imagen de la empresa depende de cómo maneja estas tres dimensiones. Fallas en la gobernabilidad corporativa de la empresa implican una amenaza real para el futuro de la corporación. La gobernabilidad corporativa abarca los aspectos éticos del negocio y es muy importante para la supervivencia de la empresa.

La gobernabilidad corporativa es acerca de cómo la empresa logra sus propósitos. Abarca el significado mismo de la empresa y como cumple con sus metas. Tiene elementos de liderazgo, protección, ética, seguridad, visión, dirección, influencia, y valores. Gobernabilidad corporativa es acerca de cómo proteger los intereses de las partes interesadas en la organización.

2. Responsabilidad Social en la Vinculación de la Empresa con la Comunidad.

La Empresa percibe e instrumenta el compromiso y responsabilidad con su comunidad. Identifica y monitorea las expectativas públicas que la comunidad tiene de ella, la innovación y el involucramiento sostenido de miembros, autoridades u organizaciones de la comunidad debe estar incluido. Busca la sinergia entre sectores (empresa, gobierno y organizaciones de la sociedad civil) que le permita multiplicar los resultados en solución de problemas sociales. Se destacarán el papel y los beneficios de cada uno de los participantes. Muestra como la participación e inversión social de la empresa beneficia el desarrollo de procesos sociales o comunitarios y beneficia directa o indirectamente a la empresa.

Establecer los límites geográficos de una comunidad residencial local (pueblo, vecindario, etc.) no es siempre fácil y directo. Los miembros que residen en una vecindad pueden tener ideas diferentes entre ellos, respecto de sus límites geográficos. Por lo tanto, definir los límites es primordial antes de medir en forma exacta los aspectos sociales de cualquier tipo de comunidad.

La importancia de la comunidad y sus características es fundamental para desarrollar con éxito cualquier negocio. Muchos empresarios estiman que, si la comunidad en la cual operan no es sana, entonces sufrirá la actividad de negocios que pretenden desarrollar, por lo cual se estima que la empresa tiene una responsabilidad de contribuir a la salud y prosperidad de la comunidad.

Hay varias formas de contribuir a la comunidad por parte de la empresa, desde apoyos menores a proyectos de la

comunidad hasta apoyos que engloben un desarrollo completo, esto último puede incluir una variedad de aspectos, tales como prácticas ambientales, políticas sobre éticas, asuntos relativos al trabajo y la familia, temas de salud, etc.

No existe una sola vía de trabajo con la comunidad, pero siempre es importante ver como la empresa vincula la comunidad con el negocio de la empresa, de manera tal de poder cuantificar los beneficios que estará recibiendo la empresa. De otra manera estamos hablando de simple filantropía, donde las acciones que la empresa aborda no se relacionan con el negocio, la empresa o bien con sus trabajadores.

3. Responsabilidad Social y Calidad de Vida en la Empresa.

La Gestión del Capital Humano desde el enfoque de una Empresa Socialmente Responsable crea internamente un ambiente de trabajo favorable,

estimulante, seguro, creativo, no discriminatorio y/o participativo en el que todos sus miembros interactúan bajo bases justas de integridad y respeto que propician su desarrollo humano y profesional contribuyendo a que alcancen una mejor calidad de vida.

Recibe por ello beneficios como: la eficiencia y la responsabilidad individual y colectiva; un balance de vida personal y laboral; el impacto positivo en la rentabilidad, eficiencia y productividad, relaciones obrero-patronales y la percepción de la empresa como altamente, humana y socialmente responsable.

4. Responsabilidad Social en el Cuidado y Preservación del Medio Ambiente.

Uno de los grandes retos de la empresa es la generación de riqueza y la conservación del medio ambiente.

Estas prácticas demuestran como la empresa se preocupa por la optimización de recursos, prevé la generación de desperdicios y/o desarrolla procesos de reciclaje o reaprovechamiento de recursos o incorporación de sus productos y procesos a los ciclos naturales.

Cuando considera los factores ambientales como un elemento importante en su toma de decisiones, se refleja claramente en su liderazgo al alcanzar la mejor relación con el medio ambiente.

El medio ambiente es todo lo que rodea a los seres vivos, conformado por elementos biofísicos (suelo, agua, clima, atmósfera, plantas, animales y microorganismos).

Hoy en día el concepto de medio ambiente está ligado al de desarrollo; esta relación nos permite entender los problemas ambientales y su vínculo con el desarrollo sustentable, el cual debe

garantizar una adecuada calidad de vida para las generaciones presentes y futuras.

El medio ambiente para el desarrollo de los negocios es fundamental. Los recursos materiales que emplea en la producción de bienes y servicios son parte del ambiente biofísico y social.

Debe de satisfacer las necesidades humanas. Al mismo tiempo que reduce progresivamente los impactos ecológicos y la intensidad en el consumo de recursos durante toda la vida del producto o servicio.

La Responsabilidad Social es una forma de ética de asumir y responder frente al impacto de sus actividades.

Involucra aquellas actividades y decisiones de gestión empresarial que van más allá de las obligaciones legales, en armonía con la ley. Exige respeto de los valores universalmente reconocidos.

No debe confundirse con prácticas de filantropía, éticas o ambientales, ni con cualquier otra actividad adicional al propósito de la empresa.

La empresa debe realizar actividades de medición y de reporte sobre sus impactos y el desempeño de la organización. Por lo que se espera de la empresa rendición de cuentas y transparencia.

Podemos decir entonces que la Responsabilidad Social está encaminada a mantener el balance entre el desarrollo de la sociedad, un entorno sustentable, y la viabilidad comercial y económica de la empresa. Cuando este balance es positivo, está generando valor para todos sus públicos.

La empresa debe reconocer que existe una mutua interdependencia con todos los actores sociales, económicos y ambientales. Por lo tanto, todos ellos cuentan con legítimos intereses sobre sus actividades.

La Responsabilidad Social Empresarial es hoy en día un valor agregado. Una ventaja competitiva para la empresa. Aquellas empresas que desde hoy incorporen o refuercen sus acciones de Responsabilidad Social lo harán a su propio ritmo y de acuerdo con sus posibilidades; mañana tendrán la exigencia del entorno.

LO MÍNIMO QUE ESPERARÍAMOS QUE UNA EMPRESA HICIERA PARA MEJORAR NUESTRA SOCIEDAD.

Publicado 8 de enero 2019

Qué tenga claro su propósito, darle una razón y sentido social a lo que hace.

Que pague justamente a sus colaboradores y empleados.

Brinde condiciones laborales favorables para una mejor calidad de vida.

Trate bien a sus clientes y que proteja su privacidad.

Produzca productos y brinden servicios de calidad.

Minimice su impacto ambiental.

Invierta socialmente en las comunidades en las que opera.

Se comprometa con un liderazgo ético e incluyente.

Ofrezca oportunidades de empleo digno y local.

Contribuya a una mayor inclusión social.

Identifique y de solución a las necesidades sociales del entorno en el que opera.

Sólo si contribuimos a la creación de comunidades y un ambiente sano. Nuestro negocio podrá alcanzar un valor financiero sustentable a largo plazo.

CAPITALISMO CONSCIENTE

Publicado el 23 de septiembre de 2019.

El Capitalismo Consciente es un movimiento global que fomenta un mayor nivel de consciencia en el mundo de los negocios que lo lleve a actuar mucho más allá de la obtención legítima de beneficios económicos.

Esta tendencia creada por John Mackey -fundador y CEO de Whole Foods Market- y el académico de origen hindú Raj Sisodia, fue plasmada en el libro Conscious Capitalism: Liberating the Heroic Spirit of Business (El capitalismo consciente: libera el espíritu heroico de las empresas), donde se plantea la idea de volver a la esencia de los negocios para mejorar la vida de las personas y generar valor a todos los grupos de interés. Intentemos despertar la consciencia de altos ejecutivos y en general, de los consumidores.

Nos invita a no pensar únicamente en el bienestar financiero de las organizaciones, hay que tener en cuenta

el entorno, a comprometernos con todos los actores implicados: empleados, consumidores, proveedores, el medio ambiente, la cultura y en general, en el bienestar de la sociedad, y mirar siempre hacia un futuro a largo plazo.

De acuerdo con Sisodia, si el capitalismo se maneja dentro de unos escenarios adecuados, se lograrán erradicar las condiciones de pobreza que aquejan a muchas personas en el mundo. Un capitalismo consciente es posible únicamente a través de organizaciones conscientes, lideradas por altos ejecutivos que tengan esa corriente de pensamiento.

El Capitalismo consciente se sustenta en 4 principios que son clave para entender mejor este concepto:

1. Propósito elevado

Aunque cada compañía tiene unos objetivos que apuntan hacia la obtención

de ganancias, estos deben ir mucho más allá, a un propósito que congregue a otros seres humanos a los que esto les implique valor tanto para ellos como a su entorno. Al enfocarse en una meta más elevada, inspirará a otros a desarrollar y a trabajar de la misma forma.

Es importante cuestionarse para qué existe tu negocio, pensar en el bienestar de la sociedad y los valores que componen la base de tu compañía. Si este mensaje logra transmitirse positivamente a cada empleado de la organización, se llevará también a niveles mucho más altos, motivar a nuestro equipo, aumentar su rendimiento y alcanzar la excelencia en cada uno de ellos.

2. Orientación integral:

Las compañías están compuestas de personas, lo que implica que tanto las relaciones internas, como las que existen con tus stakeholders como proveedores, clientes, comunidades y la sociedad en

general, deben ser saludables: si tus empleados sienten el apoyo de sus líderes, son capacitados permanentemente para que sientan un constante crecimiento y se invierte en ellos, esto se verá proyectado hacia toda tu red de vínculos.

3. Liderazgo consciente:

Parte importante de este cambio de consciencia, la tienen los CEO y líderes de las empresas y sus altos ejecutivos. Si ellos sirven al propósito de la organización, apoyan a sus empleados y tienen claro que las utilidades deben pensarse como un bien social que contribuya positivamente, generarán valor para todos los grupos de interés.

Visión, pasión, talento e inspiración son tan solo algunas de las características implícitas de estos líderes que tienen claro los beneficios que sus productos tienen para mejorar la calidad de vida de las personas.

4. Cultura consciente:

Los valores, principios y prácticas que cimientan la estructura de tu negocio, transmitirán a los grupos de interés en la misma onda, pues comenzarán a adaptarse y a conectarse con esos procesos de cultura consciente que los componen.

Si enseñamos a nuestro equipo que les tenemos confianza al permitir que tomen sus propias decisiones de manera responsable podrán hacer su trabajo con resultados satisfactorios a nivel personal y profesional.

Con estos 4 principios podremos entender de qué se trata el Capitalismo Consciente.

"imaginemos un negocio basado en el amor y el cuidado en vez del miedo y el estrés, en el que sus integrantes sientan pasión y compromiso por su trabajo, y en el que casi nadie abandona la empresa desde que se une".

6 "SENCILLOS" PASOS PARA ALCANZAR EL LIDERAZGO EN RESPONSABILIDAD SOCIAL.

Publicado el 15 de enero de 2019.

Los líderes en Responsabilidad Social Empresarial son aquellas empresas que buscan ir más allá de integrar la Responsabilidad Social a su estrategia de negocios y recolectar los beneficios. Esto va mucho más allá de firmar cheques, de cumplir con las normas, dañar poco o pronunciar discursos.

En definitiva, es dejar de hacer los negocios como siempre lo han hecho y les ha dado resultado ("Business as Usual").

Las mejores compañías deberán transitar de transformar sus propios negocios a cambiar las actitudes y enfoques en su propio sector, influyéndolo con su ejemplo al igual que a su cadena de valor, a sus colaboradores, sus clientes y consumidores, autoridades y a la sociedad en general.

Ellos deben demostrar que es posible hacer negocios de una forma diferente. Que haciéndolo pueden hacer dinero, generando valor para todos sus públicos.

Para alcanzarlo la empresa que pretendan ser líder debe tomar en cuenta y seguir los siguientes pasos:

Estrategia.

Una sólida estrategia empresarial que reconozca cómo el negocio es capaz de afectar a la gente y a su entorno y cómo puede incorporar acciones que desarrollen impactos positivos y reduzca los negativos.

Esa estrategia debe determinar claramente sus objetivos a mediano plazo y como planea modificar el negocio para alcanzarlos.

De nada nos sirve tener las mejores estrategias, sino es capaz de marcar el paso que requiere para alcanzar el progreso.

Ambición.

Los públicos empresariales deben tener claro el alcance y el cambio que pretende la empresa, que le significa retos que está

dispuesto a afrontar, y que hay parámetros que le ayudaran a dejar claro donde está y hacia dónde va. Los objetivos claros permitirán a todos y a la empresa saber hacia dónde va y que es lo que necesita hacer.

Mercadotecnia Responsable.

Los líderes deben fundamentar su mercadotecnia en clarificar los impactos de sus productos y servicios. Los esfuerzos que la compañía realice para maximizar sus beneficios y contar no solo con productos o servicios responsables, sino también entregados de manera responsable.

Activismo.

Las empresas para ser líderes tienen que participar en grupos u organizaciones vinculados con sus causas, sean de disminución de emisiones, de reducción del consumo del agua, para evitar las

pruebas en animales, de promover la inclusión y la diversidad, etc.

De esta manera no sólo conocerán el discurso y la agenda en esos temas, sino que podrán tomar parte en su discusión y definición. Escuchar sus puntos de vista y propuestas.

Movilización.

Las empresas con un propósito tienen el poder de mover a las personas, que se sienten identificados con su "lucha". Esto comienza por sus propios colaboradores. La movilización es lo que cada vez más, está determina la fidelización hacia una marca, no sólo el precio, la calidad del producto y otros atractivos, sino que yo me sienta identificado con su propósito, me hará preferirla, incluso defenderla frente a otras.

Los líderes son seguidos, y siempre habrá una ventaja competitiva mayor si se marca el camino, y no se tiene que recorrer obligadamente el trayecto de otro que nos lleva la delantera.

Apertura.

El dialogo y el involucramiento es obligado para una empresa líder. La empresa está acostumbrada a los estudios de mercado, que se sustenta en el escuchar lo que el cliente pide, pero escuchar ya no es suficiente, hay que dialogar, contrastar los diferentes puntos de vista, incluso los nuestros. Discutir sobre las diferentes opciones y expectativas y los pros y contras para todos de hacerlo de una u otra manera.

Es fundamental permanecer abierto no sólo a la crítica, sino también a las nuevas ideas, pero también a nuevas formas de hacer las cosas y de medir el desempeño. Los líderes están dispuestos a hablar de lo bueno, lo malo y lo feo tanto interna como externamente, incluso con sus más críticos.

Por último, un consejo personal

Cada organización es diferente en su cultura, su entorno y en las expectativas que sobre de ella tienen sus públicos, así que estos pasos se pueden adoptar, pero sobre todo es recomendable que cada empresa los adapte a su realidad específica, lo que les permitirá tener mayor éxito en hacer de su empresa, una empresa socialmente responsable de excelencia.

LA RESPONSABILIDAD SOCIAL Y EL PROPÓSITO COMO EJES DE LA ACTUACIÓN DE UNA EMPRESA.

Publicado el 17 de enero de 2019.

El propósito es el que permite transmitir por qué el negocio existe y actúa como una "Guía" de la estrategia comercial y al comportamiento de la empresa. El propósito debe captar el cambio que el negocio propone y pretende crear en el mundo. Una empresa con propósito es aquella que ha considerado el papel que puede desempeñar su negocio para mejorar la sociedad, en las dimensiones social, económica y ambiental. Aplica este pensamiento a su operación a sus productos, a su publicidad, a su entorno laboral, a su cadena de valor y a la experiencia del cliente.

Es una potente herramienta de estrategia que puede ayudar a las empresas a conectarse mejor y agregar valor a sus clientes, proveedores, accionistas y todos sus públicos, para así crecer de manera sostenible. Alcanzar el éxito del negocio. Esto puede desbloquear nuevas oportunidades de mercado y construir mayor valor de marca sólido. Cuando la

empresa hace buen uso de su experiencia y capacidades, incrementa el impacto social mucho más allá de una conducta reactiva o de hacerse presente en la comunidad.

Una vez definido el propósito, debemos definir como esté se refleja en las diferentes dimensiones y ámbitos de influencia y actuación de la empresa. De esta manera podremos asegurar que vamos de la declaración a la actuación.

A medida que avanzamos en el esquema, progresivamente nos estaremos acercando hacía la consecución de los objetivos de la empresa. Aportaremos valor a los diferentes públicos, en síntesis, tendremos éxito en el negocio.

Es Importante identificar aquellos indicadores de como esperamos que el propósito se refleje en aspectos específicos como lo son el lugar de trabajo, la comunidad en la que opera la empresa, la producción o entrega de los

servicios, el entorno (medio ambiente), la cadena de proveedores (de valor), y los clientes o consumidores.

Estos aspectos pueden variar de un sector a otro, incluso de una empresa a otra, pero sirvan estos de ejemplo o referencia para que cada uno pueda crear su propio "movimiento".

Adelante un cuadro en el cual propongo que se llene con la información específica de cada empresa y nos sirva de referencia para observar lo que esperamos y lo que vamos obtenemos, de manera de poder ajustar lo necesario para cumplir con nuestro propósito.

No olvidar que para que este modelo funcione, es importante que el propósito se obtenga mediante el ejercicio de nuestro negocio. Al final nos toca reportar a que factores de éxito del negocio contribuye (caso de negocio / business case) y que valor genera e idealmente a que público se le beneficia.

Existen muchos sistemas de gestión y de seguimiento de proyectos, cada uno puede hacer uso del que mejor conozca o del que más le funcione. Este modelo se puede adaptar fácilmente a cualquiera de ellos. Lo importante es que una vez que la empresa defina su propósito logre reflejarlo en sus ámbitos de influencia y en todas sus acciones y decisiones de manera que no quede solo en el discurso. Este es un aporte que se puede ir enriquecer con la práctica, yo aquí se los dejo para que hagan uso de él y por qué no me ayuden a perfeccionarlo.

Reflexión final: Adicionar el elemento "propósito" a la Responsabilidad Social Empresarial la lleva de un estado reactivo a ser propositiva, le da una fuerza impresionante que puede llevar a nuestro negocio a escenarios positivamente insospechados. ¿Quién dice yo?

POR UN NUEVO MODELO DE EMPRESA CENTRADO EN LAS PERSONAS.

Publicado el 23 de enero de 2019

Los tiempos en los que en el colegio nos decían que el objeto de una empresa era crear productos o servicios para satisfacer una necesidad, han quedado muy atrás. Y no me refiero a mi edad, sino que mucho se ha trastocado el fin último de las empresas. Es claro que el statu quo es el que ha privilegiado las utilidades, como si el fin de una empresa fuera el producir utilidades, y para lograrlo se vale casi todo.

Cualquier intento por humanizar la empresa o mejor dicho el sentido de la empresa ha sido fuertemente cuestionado, así ha sido cuando se habló de la filantropía empresarial, la ciudadanía corporativa, la responsabilidad social y más recientemente de la sustentabilidad.

Nada parece dejar convencido a todo mundo, que retomar esa vieja (pero vigente) definición del porqué de una empresa, es lo que realmente la puede

rescatar de la crisis de confianza y por tanto de credibilidad en la que se ha sumido, a veces hasta injustamente borra las buenas aportaciones tanto sociales, ambientales, económicas y tecnológicas que ha puesto la empresa en favor de la sociedad.

Es preciso emprender una gran lucha, para reorientar las estructuras de incentivos empresariales hacia el bienestar, la sostenibilidad medioambiental y la igualdad. Dentro de estas medidas lamentablemente será necesario contemplar políticas fiscales atractivas que motiven a los ilusos, una mayor representación de las partes interesadas en las decisiones de la empresa y el cambio en las prácticas de presentación de informes para que dejen de ser o catálogo de auto elogios o un catálogo de información técnica casi indescifrable para quien lo lee. También es necesario explorar sumar a los indicadores empresariales temas como

desarrollo humano, trabajo digno, comercio justo y bienestar.

También sería muy bueno, que en cada país las empresas pudieran se agruparan y pusieran en números y palabras lo que en conjunto están logrando en favor de la sociedad. El valor que están creando para hacer la diferencia.

Hay que darle el justo valor a temas que han permanecido ocultos y sin relevancia como es el valor del trabajo no remunerado.

Todavía queda mucho por reflexionar, pero no debemos dejar morir el tema.

LOS MUST DE UNA ESR EN EL TEMA DE TRABAJO.

Publicado el 25 de enero de 2019.

Los aspectos en los que una empresa puede poner de manifiesto su compromiso con la responsabilidad social en su lugar de trabajo, hay muchos, pero sin duda hay aspectos que sino los encontramos es difícil poder hablar al menos de un estado consolidado, aquí algunas prácticas que desde mi experiencia existen en empresas líderes y que idealmente debieran observar aquellas empresas que aspiren a distinguirse por sus buenas prácticas.

Como siempre he dicho, en la #RSE no hay nada rígido entonces tómense como una referencia, se vale adoptar y adaptarlas. Ojalá encontráramos más de 100 empresas (por poner un número que las pongan en práctica) y estaríamos dando pasos importantes. He aquí algunos principios (LOS MUST)

Compromiso con el balance trabajo - familia.

El bienestar de los colaboradores es una prioridad para la empresa.

Las necesidades de sus colaboradores son importantes para la empresa, y las mantienen en mente para apoyarlas en el momento y en la medida que esté en su capacidad.

El ritmo de trabajo debe ser tal que sus colaboradores puedan mantener indefinidamente de una manera saludable y razonable. Conscientes que el logro de los objetivos finales, no están en quien trabaja más horas, o en quien lo hace más rápido.

Sin importar las circunstancias tratan a las personas, como personas.

Se preocupan por fomentar el desarrollo profesional, técnico y humano en la misma medida, y a cualquier nivel de la organización.

Se preocupan por apoyar la formación y educación de sus colaboradores.

Es prioridad hacer de sus colaboradores, leales y convencidos embajadores de su Marca (Empresa).

Propiciar la buena relación, la comunicación y la cooperación entre los colaboradores. Una comunicación transparente y efectiva entre los directivos y los colaboradores.

El único límite de la flexibilidad es el cumplimiento de los objetivos acordados.

Son siempre una constante y nunca una excepción: la conciliación trabajo-familia y la igualdad de oportunidades, así como el combate a la violencia laboral y al hostigamiento sexual.

Fomentan el liderazgo individual y grupal, potenciar el "inconformismo" y una actitud innovadora y positiva.

Buscan potenciar los conocimientos y las habilidades de los trabajadores, para formar activos personales capaces de

afrontar retos nuevos, diferentes, dinámicos, innovadores.

Las mejores organizaciones establecen un ritmo de trabajo que su gente puede mantener indefinidamente. Porque se dan cuenta de que el éxito a largo plazo es alcanzado, no necesariamente por aquellos que son los más rápidos o que trabajan los días más largos, sino por aquellos que son estables, confiables y tienen en balance su #bienestar personal con su desempeño laboral.

Las empresas pueden ofrecer muchas maneras de encajar con los intereses y necesidades de sus colaboradores, su crecimiento, su bienestar y su éxito será el principal insumo para lograr también el logro de sus objetivos y su trascendencia si cuentan con un propósito claro y alcanzable en la mira.

La responsabilidad social comienza por casa.

LÍDERES CON PROPÓSITO

¿Te comportas como un líder impulsado por el propósito?

La siguiente encuesta está destinada a medir la medida en que se comporta como un campeón de propósito. Muchas de las preguntas suponen que tiene una comprensión básica del propósito de su organización. Si usted no tiene un propósito, le sugerimos que trabaje en la identificación de cuál es su propósito y luego regrese a esta encuesta cuando usted ha comenzado a liderar con el propósito sobre una base regular.

¿De verdad crees que la búsqueda de propósito va a impulsar el rendimiento y la rentabilidad de tu empresa?

¿Realmente cree en el propósito de su organización? En otras palabras, ¿cree que es una búsqueda digna independiente de cualquier motivo de lucro?

¿Ha dado a su gente una idea clara de por qué luchan, más allá del crecimiento rentable y la participación en el mercado?

¿Ha hecho que sea fácil para la gente entender cómo su trabajo y sus contribuciones contribuyen al cumplimiento del propósito?

¿Gasta usted personalmente una buena parte de su tiempo y energía en asegurar que el propósito de su organización sea bien entendido y sea servido activamente?

¿Estás dispuesto a tomar decisiones difíciles basadas en la dedicación a tu propósito?

¿Ha desarrollado medidas de éxito basadas en el propósito que usted rastrea y responsabilice a las personas?

¿Está evaluando continuamente las necesidades o los problemas del mundo que la organización tiene los medios para intensificar y abordar?

¿Toma usted personalmente tiempo para reconocer y celebrar a los campeones de propósito dentro de su organización?

¿Cuántas respuestas fueron afirmativas?

Si respondiste "sí" a 6 o más preguntas, felicitaciones, tienes el ADN de un líder impulsado por el propósito. Si crees en el propósito y estás dispuesto a hacer lo que sea necesario para apoyarlo. Si logras unir a tu fuerza de trabajo a través del propósito, le darás a la gente una clara idea de porqué están trabajando y el beneficio mayor que se obtendrá en última instancia.

Si decidiste asumir o te asignaron la responsabilidad de llevar la antorcha de propósito e inspirar a otros con él. Tu liderazgo puede ser un ingrediente clave para construir una organización exitosa impulsada por un propósito.

Si respondiste "sí" a 3-5 preguntas, probablemente tengas algunos

problemas en torno a abrazar realmente tu propósito. Intente identificar las barreras para liderar en el propósito que pueden existir dentro de su organización.

- ¿Hay una falta de creencia o alineación en torno al propósito principal de la organización?

- ¿Tiene sus propias dudas sobre la viabilidad del propósito sobre las ganancias?

- ¿Existen agendas competitivas que se integren en el camino de reclutar los talentos y las energías de la organización hacia el cumplimiento del propósito?

- ¿Su calendario tiene todo su tiempo y energía canalizada hacia las actividades de gestión general?

Encuentra los controles. Destruirlos. Y comprométete a liderar a propósito en todas las formas que hemos identificado.

Si respondiste "sí" a solo unas cuantas preguntas, es posible que necesites evaluar realmente cómo gastas tu tiempo, energía y talento. Revisa las preguntas relativas al propósito.

Puede ser que no sepas cuál es el verdadero propósito de tu organización todavía. Si empleas todo tu tiempo en estrategia y ejecución y ninguno en propósito y valores, es posible que necesites reequilibrar seriamente lo que está en tu lista de "por hacer".

¿A DONDE VA LA GENTE?

Publicado el 9 de mayo de 2019.

Una empresa extraordinaria comienza por tener gente extraordinaria. La gente extraordinaria, comienza con un propósito. -Jesper Lowgren.

¿A Dónde va la gente?

Pues va a dónde encuentra un sentido, que satisface sus necesidades, pero comparte su visión de ver el mundo. Sigue al líder no por lo que hace, sino por cómo la hace (dice Simon Sinek). Cuando las ventajas diferenciadoras entre un producto y otro son mínimas, la confianza en la empresa o la marca pueden ser capaces de marcar la diferencia.

Los jóvenes por ejemplo buscan marcas con las que se identifiquen, con las que veas reflejado su estilo de vida, pero también su forma de pensar e interpretar el Mundo. Son fieles a la marca, por algo mucho más profundo que si es buena o mejor que otra. Le da un significado.

El Propósito de una empresa es aquella diferencia que trata de hacer, es algo más elevado que trasciende el generar dinero utilidades. Cuando la empresa se enfoca en su propósito es capaz de inspirar, atraer e involucrar a sus grupos de interés o partes interesadas (stakeholders).

> *Hay dos días importantes en la vida de una persona, el día en que naces y el día que descubres para qué naciste.* -Mark Twain

Pero ¿Cuáles son los elementos que sustentan la vida de una empresa con propósito?

La Cultura Empresarial consciente

Es el ethos (los valores, los principios, las prácticas) que componen el tejido social de un negocio, que impregna la atmósfera de una empresa, conecta a las partes interesadas entre sí y con el propósito, las personas y los procesos que componen la Empresa. Se reconoce cuando en el entorno se siente:

- **Confianza**
- **Cuidado**
- **Transparencia**
- **Integridad**
- **Aprendizaje**
- **Empoderamiento**

La cultura de esta empresa es muy tangible para sus partes interesadas; Se puede sentir la diferencia desde que entras en un negocio consciente y otro que es impulsado con el fin incrementar las Utilidades, y actúa sólo para el beneficio de los accionistas.

Orientación y alineación con las partes interesadas.

Hay que reconocer la naturaleza interdependiente de la vida y que los negocios tienen un fundamento humano, por lo que necesita crear valor con y para sus diferentes grupos de interés (clientes, empleados, vendedores, inversionistas, comunidades, etc.). Al igual que sucede en un ecosistema, un entorno donde las partes interesadas se encuentran sanas conduce a un sistema empresarial saludable y propicio para el mayor de los éxitos.

Hacer acciones o contribuciones en favor de las Comunidades en las que opera tu empresa, tiene un impacto positivo importante para el negocio. Porque hacer lo correcto es un buen negocio.

Liderazgo consciente.

Obviamente todo comienza con el liderazgo.

Directores ejecutivos que dirigen su negocio se centran en el cumplimiento del propósito más profundo de sus organizaciones y la creación de valor para todos sus públicos.

Las empresas como cualquier otra organización social humana son creadas y guiadas por líderes que son personas que ven un camino e inspiran a otros a viajar a lo largo ese camino. Esos líderes entienden y adoptan el propósito superior de los negocios y se centran en la creación de valor y la armonización de los intereses de las partes interesadas de la empresa. Inspirará para que esa consciencia sea parte integral de la cultura empresarial.

Una empresa que utiliza sólo incentivos financieros para atraer y motivar a un CEO obtendrá precisamente lo que paga: un CEO que está motivado principalmente por el dinero.

Estos ¨líderes¨ son incapaces de inspirar a sus empleados a lograr niveles extraordinarios de compromiso, creatividad y rendimiento.

Los líderes más efectivos son aquellos que trascienden el interés propio; están motivados principalmente por alcanzar un propósito más

trascendente para la empresa que el generar solo utilidades y están al servicio de las personas, con las que va por esa conquista.

Calidad de Vida en la Empresa.

La empresa debe cuidar y proteger a su activo más valioso: su gente. En la medida que lo haga, que le ayude a encontrar no sólo la satisfacción económica, sino un bienestar personal, emocional y social como producto de su trabajo, tendrá un colaborador incondicional que pondrá todo su empeño y será solidario con la empresa porque cree en ella.

Los buenos empleados siempre tienen una opción de emigrar a las empresas que les ofrecen no sólo lo que es justo, pero lo más importante la oportunidad de encontrar el significado y el propósito en su trabajo.

Las empresas no pueden ofrecer productos atractivos e innovadores si no tienen empleados comprometidos y proveedores de alta calidad.

Es bueno que cada vez encontremos más casos de empresas que se están orientando a una forma más consciente de operar. Este es un proceso evolutivo.

APPLE AMAZON NESTLÉ UNILEVER E-BAY, JOHNSON & JOHNSON MICROSOFT FACEBOOK GOOGLE H&M WALMART MCDONALD'S, GE CEMEX PROCTER & GAMBLE GRUPO BIMBO STARBUCKS PANERA BREAD WHOLE FOODS MARKET SOUTHWEST AIRLINES THE CONTAINER STORE NATURA SON SÓLO EJEMPLOS DE EMPRESAS QUE GRADUALMENTE SE DIRIGEN HACIA UNA FORMA MÁS CONSCIENTE DE SER Y HACER NEGOCIOS.

Las empresas con propósito son:

·   Muy selectivas con respecto a sus proveedores, buscan empresas innovadoras y enfocadas en la calidad que también operan de manera consciente. Entran en alianzas mutuamente beneficiosas a largo plazo con ellos. Los proveedores están bien pagados, y a su vez pagan bien a sus propios proveedores y empleados.

Las empresas conscientes también pagan muy bien a sus empleados significativamente por encima de la industria, y son generosos con los beneficios. Dado que sus costos directos son más altos, pero se compensan al momento de la generación de riqueza para todos incluida la empresa.

- Operan bajo un sistema de muy alta confianza entre todas las partes interesadas, y por lo tanto sus costos legales y sociales para operar son mucho más bajos de lo común. Entienden a sus clientes profundamente, producen productos sobresalientes (debido en gran parte al hecho de que tienen a los mejores proveedores que actúan igual), y por lo tanto tienen niveles mucho más bajos de devoluciones de productos.

- Es capaz de generar Capital Intelectual, Capital Humano, bienestar emocional, bienestar espiritual, bienestar físico, bienestar ambiental. Se concentra en obtener sólo el capital financiero (Utilidades) emplea todos sus recursos para tal fin y tiene un propósito más alto que lo alinea con la Sociedad.

¿Hay empresa perfecta?

No, definitivamente No.

Al igual que los seres humanos, ninguna compañía es perfecta, toda empresa está expuesta a riesgos y situaciones dentro y fuera de su control. La diferencia es como lo afrontan y sobre todo que hacen diferente para mañana.

Algunas empresas que identificamos como empresas socialmente responsables #ESR o los mejores lugares para trabajar Mejor Lugar Para Trabajar han tropezado en los últimos años. Estas empresas sólo tienen que redescubrir su propia esencia (por qué existen) con el fin de volver a la pista con el objetivo de no tener impactos negativos y no simplemente hacer menos daño.

La prueba de un negocio con propósito verdaderamente consciente es su capacidad para aprender y crecer a partir de tales experiencias, lo que siempre les fortalecerá al tiempo que gana la Confianza de la Sociedad.

Apostemos por un Capitalismo Consciente...*porque para allá es que va Vicente.*

SECRETOS DE LA FUERZA PARA MEJORAR UN ENTORNO LABORAL.

Publicado el 19 de septiembre de 2019.

Siempre vemos a guerreros rebeldes que dan lo mejor de sí por la Causa Rebelde. Todo Stormtrooper es disciplinado y trabaja con gran precisión, como si siempre supieran lo que tienen que hacer.

En ambos casos, hay un propósito, una causa por la que están ahí, aunque sea distinto y opuesto.

El Universo Star Wars está lleno de secretos, que podemos revelar para mejorar en este universo, nuestro entorno laboral.

Quizá, tus empleados no tienen Sables de Luz que empuñar, y no levantan piedras con el pensamiento. Aun así, debes tratarlos como a un Jedi. Para ello aquí hay seis lecciones para que tus colaboradores se sientan los más importantes de toda la galaxia.

La tutoría.

Una forma de hacer sentir a tus colaboradores que son importantes es

invirtir en su desarrollo, y esto no quiere decir invertir dinero, sino ocuparte de su crecimiento personal y profesional dentro de la organización aprovechando la experiencia de quienes tienen más tiempo en ella. Instaurando un sistema de mentorías.

Los nuevos colaboradores requieren de un mentor. Alguien que los guíe para no caer en manos del Lado Obscuro. Evitando todas aquellos vicios y malas prácticas que hay en toda organización.

Todo nuevo Jedi necesita un maestro. Como el joven Padawan Luke Skywalker requirió y aprendió de su mentor Yoda. En tu empresa, habrá quien pueda ser el mentor de cada uno de tus jóvenes colaboradores. Crear un ambiente de comunicación, confianza, corresponsabilidad y de crecimiento.

Ganan todos, los mentores, los en favor de todos "aprendices de Jedi", ganas tú. Gana la Empresa.

¿Te imaginas disminuir los riesgos de las curvas de aprendizaje y acelerar la adopción de la Cultura de la empresa por los nuevos elementos?

La salud es la Fuerza manifiesta en el trabajo

Sin salud, la batalla en la galaxia no se puede ganar. Incluso un Jedi como Luke requirió en algún momento de atención médica. Igualmente, en el trabajo sin atención o un seguro médico adecuado, no podríamos seguir adelante. La salud es el principal enemigo para ser eficientes y productivos.

La ética positiva

En nuestra galaxia al igual que en aquella muy, pero muy lejana. Luchamos entre el bien y el mal. A veces nos encontramos entre el lado obscuro y el lado luminoso de la Fuerza. Por eso, es importante asegurarnos contar cultura ética clara y bien comunicada que nos oriente y ayude

a todos a hacer lo correcto. Aun cuando nadie nos vigile: Porque es lo que se debe de hacer. Esto nos dará la certeza de que elegimos el camino de la Luz. Sin importar, que el lado Obscuro nos tiente a hacer las cosas de una manera más fácil, más rápida o por menos dinero.

Una cultura centrada en la ética, que nos dé ejemplo de cómo aplicar los valores de la empresa, tendrá efectos muy positivos en el negocio.

La tecnología a nuestro servicio

No podemos imaginar a la Rebelión, ni al Imperio en sus grandes batallas sin el uso de la Tecnología. Pero la tecnología no lo es todo. Toda empresa busca el poder que le puede dar la tecnología. Necesaria para ser mínimamente competitiva.

Ayuda a que nuestros colaboradores colaboren entre sí y se comuniquen mejor. Repercute en mejores soluciones para sus clientes. Pero ni la mejor

tecnología como la utilizada en la Estrella de la Muerte, servirá, sino se pone al servicio de la gente nos llevará a la victoria. Fue así, como los Rebeldes sin la tecnología del Imperio lograron vencerlos.

La empatía empresarial

La empatía es uno de los valores más importantes que un Líder debe poner en práctica con sus colaboradores. Es la forma más efectiva de hacerles ver que te importan, que confías en ellos, entiendes sus problemas. Que respetas sus puntos de vista.

Un lugar de trabajo empático más productivo y capaz de retener a los mejores colaboradores. Mejora la experiencia de atención a los clientes. Reduce el estrés. Según el Great Place to Work también fomenta la creatividad. Si comprendes a tus seguidores, ellos podrán ayudar mejor a la Causa.

Trabajo con Significado

Que todo lo que hagas tenga un sentido.

El significado de las acciones es muy relevante para los Jedi, pero también para los Sith. La lucha de la Alianza Rebelde sería nada sin un significado. Ni para el Imperio. ¡Ni para nadie!

El Significado es lo que hace a tu empresa y su negocio diferente a todas las demás. Reclutar seguidores a lo largo de toda la Galaxia. Cada uno de tus colaboradores luchará hasta el final si tiene una buena Causa. Que comparte contigo y en la que cree.

El éxito se consigue al perseguir una Causa y no sólo la obtención de utilidades. Dale a todos tus clientes, proveedores y colaboradores una razón que les impulse a levantarse cada día.

Un propósito que nos permita vivir mejor o ser mejores. Nos hará estar dispuestos

a dar ese extra. ¡Para seguir en esta Galaxia muy pero muy cercana, para ganar la batalla!

EL CÓDIGO JEDI APLICADO A LOS NEGOCIOS

Publicado el 20 de junio de 2019

Advertencia: Esta es una historia de ***"realidad ficción"***, cualquier semejanza con lo existente es más que una coincidencia. El éxito alcanzado por los negocios que apliquen estas ideas sólo será responsabilidad de quién creyó en ellas y las llevó a la práctica.

En una galaxia muy pero muy lejana...

Existió un planeta en el que sus habitantes vivían inmersos en una vida rural, que vivían en lo que hoy conoceríamos como una condición de extrema pobreza, viviendo con el equivalente de menos de un dólar.

Pocos, muy pocos eran los que tenían condiciones marcadamente diferentes, y que además ostentaban el poder sobre los demás.

Las cosas no cambiaron durante siglos, hasta que comenzaron a aparecer las

maquinas, que cambiaron para siempre la vida del planeta y de su gente, por primera vez era posible producir cosas que para que tuvieran valor y sentido debían ser accesibles para el grueso de la población, pero lo más importante que requerían gente que las pusiera a funcionar.

Con ello comenzó un nuevo tipo de actividad el trabajo, por el cual la gente recibía a cambio un pago que además le permitía comprar cosas, reforzar la creación y crecimiento de un mercado, lo que cambió la vida de la humanidad para siempre.

Este cambio trajo no sólo bienestar para quienes trabajaban, trajo progreso para las diferentes comunidades y regiones, y mejoró sustancialmente la vida de todos los seres humanos.

Todo parecía un círculo virtuoso de prosperidad para todos. Los pequeños talleres se convirtieron en fábricas, estas

en empresas y posteriormente en corporaciones, grandes corporaciones.

Pero aquellos que las poseían, confundieron el valor con el dinero, mismo que buscaban acumular, como signo de triunfo y éxito para ellos, en vez de reinvertirlo.

La prosperidad dejó de alcanzar a todos los habitantes y el dinero se convirtió no en un "bien" en sí mismo, que inequitativamente se acumuló en algunas manos. El éxito tenía un horizonte de tiempo muy corto, cuanto más se tenía, era más urgente obtener más.

El fin principal de la empresa dejó de ser generar soluciones y bienestar a la población, y trabajo que permitiera a las personas aspirar por una vida mejor, los objetivos de corto plazo eran lo importante. El único valor que importaba era la obtención de utilidades, poco a poco los trabajadores perdieron su condición de personas y su bien estar de

ser uno de los objetivos, para convertirse en un recurso, para producir.

La empresa no tenía más un rol social y colectivo, las comunidades no alcanzaban a ver el beneficio de tener a las empresas en su interior. Con el tiempo esto no podía ser sostenible.

En algún momento comenzó una rebelión, que buscaba restaurar los principios sociales y éticos de la producción y el trabajo. Diversos intentos se tuvieron durante años, muchos pensadores y filósofos comenzaron a aportar sus reflexiones e ideas para hacer conciencia y cambiar la situación. Más de uno con razón, pero que no alcanzaron a convencer y crear ese cambio tan, tan necesario.

La empresa conforme actuaba, traía diversas consecuencias que afectaban a la comunidad y a su gente, pero todo se justificaba al final por la creación de utilidades que sólo se acumulaba en los

dueños o lo que se conocían como accionistas, personas que tenían esa riqueza traducida en dinero y que ponían en diversos negocios con el fin de generar más dinero.

Todo esto se convirtió en un sistema muy complejo, las empresas comenzaron a convertirse en grandes corporaciones, los productos y los servicios dejaron de atender las necesidades básicas de la población, para crear nuevos satisfactores que les dieran a las personas la apariencia de opulencia y "prosperidad" entre más tenías eras más importante.

Si podías tener siempre lo más nuevo y diferente, te colocaba en la cima de las aspiraciones sociales. La distribución del ingreso y por tanto de la riqueza se volvió inequitativa y de difícil acceso para todos.

El lado obscuro de la fuerza en los negocios trajo graves consecuencias sobre el planeta y sus habitantes,

explotación, acumulación concentrada de "riqueza", uso indiscriminado de los recursos naturales, contaminación, comunicación y publicidad engañosa, corrupción.

Pero afortunadamente algunos hombres entre aquellos llamados empresarios veían las cosas diferentes. Creían en que el fin de sus negocios era hacer algo en beneficio para los demás, en que sus trabajadores eran clave para que la empresa subsistiera y alcanzara sus objetivos, y por lo tanto había que cuidarlos.

Uno de ellos, desde la infancia al igual que muchos de niños soñaba con salvar su mundo, con súper poderes. Siempre admiró y quiso ser uno de los caballeros Jedi que contaban las historias que tanto le encantaban. Conforme creció la vida lo alejó de su sueño Jedi, pero no de sus

ideales y filosofía siempre rondó dentro de su cabeza.

Con el tiempo se convirtió en un comerciante y después en un empresario, que tenía que competir con viejos mercenarios que explotaban a sus proveedores, que vendían caro sus productos que difícilmente servían más de un par de veces. Nadie parecía notarlo, pues las cosas habían sido así desde hace muchos años, en los que la ocupación del Imperio favoreció la corrupción y la anarquía no sólo entre los gobernantes, sino también en el comercio y la producción.

La Rebelión no sólo quería zafarse del yugo político y militar del Imperio, sino también de su influencia en los negocios y la vida cotidiana, pues la población que jugaba diferentes roles frente a la empresa como consumidores de sus productos, como vecinos de sus fábricas y como trabajadores que le daban servicio.

Por ello alzaron la voz, progresivamente para exigir lo que consideraban sus derechos y el alto de aquellas prácticas empresariales que tanto impacto negativo les significaban.

No era posible permitir el uso irracional de los recursos naturales, contaminar el agua y el aire, que las personas trabajen sin poder alcanzar los mínimos de bienestar y el balance de su vida laboral y personal.

Los negocios y el comercio se concentraban en unas cuantas manos favorecidas por los seres de la Oscuridad.

Un Jedi debe tener el compromiso más profundo, la mente más seria. Toda su vida la tiene poner en lo que hace hoy, pero siempre con la mirada hacia el futuro.

Una Nueva Esperanza.

Poco a poco ese joven Padawan del Jedísmo, comenzó a implementar los preceptos Jedi en sus negocios y descubrió que todo a su alrededor que se vinculaba a ellos comenzaba a cambiar para mejor, el viejo orden estaba tan escéptico de sus prácticas y tan ocupado en lo suyo, que no le prestaban ninguna atención.

Comenzó a dar trabajo a más gente, sus productos y servicios eran cada vez de mejor calidad, y comenzaron a hacerse famosos en toda la Galaxia. Pronto otros comenzaron a imitarlo, con los mismos resultados. El imperio nunca espero este frente de batalla, que dio un nuevo tipo de Esperanza a los pobladores de muchos planetas, eran una especie de orden Jedi de los negocios.

Esta nueva orden de Jedi de los negocios, dejó constancia de sus ideas para que otros sin importar que tan lejos se encontraran pudieran aplicar las claves

de éxito y su filosofía a sus propios negocios, como una forma diferente de trabajar y contribuir de alguna forma a transformar su realidad en algo mucho mejor.

Varias copias del Código original fueron enviadas a distintos planetas y celosamente resguardados. Fue así, como sólo a algunos elegidos lo conocen, a cambio de la responsabilidad de aplicarlo y revelarlo sólo a aquellos que sientan el llamado de la Fuerza para transformar a sus empresas en un instrumento de paz, bienestar y prosperidad para la humanidad. He aquí una transcripción de sus principales preceptos.

Cuídate del Lado Obscuro.

No importa el Planeta en el que vivas, no debe haber una Estrella de la Muerte o un Lord Vader para que tu negocio esté en peligro.

El imperio está en la mala competencia, en aquellos que hacen las cosas pensando solo en sus intereses, de forma rápida y a cualquier costo. Y que harán todo lo que esté a su alcance para destruirte.

Tu empresa es la Resistencia que con un buen producto y una buena Cultura empresarial será capaz de destruir cualquier tipo de arma sea una base destructora de estrellas o la mismísima Estrella de la Muerte.

Pero no todo lo relacionado a los Jedi tiene que ver con acabar con el Imperio, sobre todo tiene que ver con mantenerse lejos del Lado Obscuro de la Fuerza, combatirla con el lado humano de las cosas. Y es esa precisamente la primera enseñanza. Todo debe ser pensado, centrado y orientado en la persona. Como principio y fin de todo lo que hagas.

Los valores.

Cualquier reto y obstáculo será superado con un sólido grupo de valores que te puedan guiar en tu camino y todo lo que se haga en tu negocio y que lo lleve a hacer cosas impresionantes, y lograr algunas cosas bastante increíbles, también. Con eso en la mente, he aquí algunos de ellos...

1. **Humildad tener siempre debes**

La humildad es un punto de partida que te permitirá tener siempre claro el camino que recorres y cuál es tu destino. Dar las gracias a quien te ayuda y el crédito a quien lo merece, te hará tener el respeto de todos dentro y fuera de tu organización, y así poder andar un largo camino hacia la construcción de armoniosas relaciones en el trabajo Es lo único que te permitirá ser mejor que tu competidor.

2. (Re) Conoce a fondo tus fortalezas, pero sobre todo tus debilidades.

La humildad no se puede alcanzar si no sabes quién eres y dónde estás parado, de nada sirve creer que eres el mejor, y que nadie puede hacer las cosas como tú, si no se basa en un profundo conocimiento de tus habilidades y virtudes, pero sobre todo de tus debilidades. Solo si las reconoces podrás buscar a los mejores aliados de la galaxia que te acompañaran y apoyaran en la lucha por tus éxitos.

Como líder es esencial que seas capaz de reconocer cuando una estrategia no funciona y es el momento de cambiar.

Un buen líder debe ser capaz de saber parar y repensar la estrategia de batalla. Como dijo C3PO "sugiero R2 una nueva estrategia, que dejes ganar al Wookie" y hacer las cosas diferente. En ocasiones perder pequeñas batallas, te servirán

para alcanzar grandes triunfos más adelante.

3. Sé autentico

El Universo no requiere más Clones, tu empresa significa una nueva visión y una apuesta diferente de hacer las cosas, si lo que hacen otros fuera la solución definitiva todos lo reconocerían. Así que lo primero que debes hacer es no seguir al Líder, debes preocuparte más por tu carrera, que por lo que hace tu competencia.

Tu producto como tu empresa debe ser único, original. El problema de la Guerra de los Clones es que nunca habrá un claro participante que sea superior, porque todos son iguales en la apariencia, en el fondo y en su desempeño.

Un Jedi no busca las Mejores Prácticas para estudiarlas y adoptarlas, sino para

superarlas. Aprenderás más de los errores ajenos y los propios de lo que aparentemente está bien.

4. Toma posesión de tus ideas y hazte responsable de ellas.

Cuando uno no solo tiene las ideas, sino que es capaz de ser responsable de ellas, frente a todo y a todos por ejecutarlas, podrá completar entonces su Misión y lograr grandes resultados.

5. Se fiel y devoto de tu equipo, trabaja junto a él.

Si no tienes fe en tu equipo, en el rol que cada uno desempeña y en ti mismo será muy difícil de alcanzar los objetivos de tu negocio. Debes ser claro en lo que quieres, proporcionar todos los sables de luz y los robots necesarios para la batalla, pero de ahí en adelante debes promover un clima de confianza, de auto

crecimiento, te debes convertir en un maestro Yoda para ellos, que los guíe para alcanzar su máximo potencial, que estimule su creatividad e impulse hacia la mejor expresión de sí mimos.

En un equipo sin confianza, el líder requerirá de más tiempo, recursos y esfuerzo para obtener el mínimo de su rendimiento. La batalla será más difícil. Un secreto para lograrlo es ser transparente, sincero y claro en lo que quieres y lo que se espera de cada uno y comunicarles a tiempo cualquier cambio que vaya a suceder, antes que este se ejecute.

6. *No actúes por miedo, el miedo te conduce al lado obscuro.*

Entrénate todos los días para vencer y dejar ir todo a lo que le temes, decía la enseñanza del maestro Yoda. El miedo puede ser el principal obstáculo para que

tu empresa crezca y logre cosas diferentes. Atrévete a ser diferente, a hacer cosas distintas. Pon siempre ese elemento extra en todo lo que haces y produces, eso que sorprenda a todos y haga diferente tu producto de los demás.

Al igual que en el caso con los colaboradores, a nivel de negocio la falta de confianza te puede alejar de alcanzar tus metas.

Aunque las cosas no te salgan a la primera como lo planeas, siempre será mejor hacerlo, que decir "si lo hubiera hecho".

Sobre todo, nunca tengas miedo de pedir ayuda, hasta Leia supo pedir ayuda a Obi Wan, cuando reconoció que la resistencia nunca podría ganar sin que alguien les apoyara.

7. **Hazlo o no lo hagas, pero no lo intentes.**

Ya lo decía el viejo maestro Yoda. Muchas grandes ideas se quedan en eso, porque no tienen un claro propietario que se haga cargo de ellas, si das un paso adelante y te haces responsable de un proyecto ganarás el respeto de tu equipo, pero también conducirás a la conquista de los resultados a tu empresa.

8. Adopta una actitud positiva.

Siempre estamos acechados por los malos pensamientos del lado obscuro: el miedo a fracasar, la desconfianza de no saber cómo hacer las cosas, el tiempo que nos llevará alcanzar los objetivos, etc.

Pero cuando uno corre hacia los obstáculos, descubre nuevos caminos, la creatividad le permite encontrar otras formas de hacer las cosas, nos obliga a pensar diferente a los demás. En

ocasiones se tendrá éxito, en otras las cosas no se lograrán, pero el secreto está en nunca perder la confianza, y continuar tratando.

9. Se intenso.

La pasión por lo que uno hace, es la clave para poder saltar hasta el hiperespacio. Pero de vuelta en la Tierra, siempre habrá en tu camino muchos distractores, pequeños o grandes que pueden alejarte del camino a tu meta, a tu misión, a tu trabajo.

Muchos pueden tener la pasión, pero sino son acertados en ponerla al servicio de sus valores y lograr que estos se reflejen en todo lo que se relaciona a su negocio: decisiones, acciones y planes. La Fuerza no está en ninguna parte, pero está en todo, está en ti, en lo que piensas y en lo que haces.

10. **Para saber el gran misterio de la Fuerza, la debes estudiar desde todos sus lados.**

Sólo si mantienes claro el objetivo y la motivación de porqué lo haces podrás moverte rápido para contagiar y ayudar a tu equipo a alcanzar sus metas. Aunque los retos de tu negocio parezcan insignificantes ante el tamaño de la Galaxia, pueden resultar un muro muy alto para tu equipo sino está armado con la pasión y la confianza necesarias para crear una empresa exitosa. Debes entender tu entorno. Conocer a fondo las necesidades y expectativas de todos los que rodean a tu negocio.

11. **Construye una marca que le diga (signifique) algo a la gente.**

Una marca que busque tener una repercusión positiva en la sociedad y ayudar a solucionar problemas colectivos.

No una marca que sea solo un logotipo o un nombre bonito y que a la gente no le signifique nada más que otro producto más. Debes crear marcas que coloquen a la Responsabilidad Social Empresarial dentro de la experiencia de marca, como eje principal de todas sus actividades. Lograr crear un vínculo significativo con sus clientes.

El símbolo Jedi, es conocido en todos los planetas de la Galaxia y todo aquel que lo ve lo relaciona con libertad, con esperanza, con paz y bienestar. Porque esa es la causa que representa y todo lo que hace y lo que está alrededor de él gira en torno a ello.

Haz que todo lo que hagas exceda las expectativas las propias y las ajenas, tienes que dar ese impulso adicional que te acerque a la perfección, y te lleve a vencer en la última batalla.

12. Crea una Cultura alrededor de tu empresa

Para ser una empresa Jedi, deberás crear una Cultura alrededor de tu empresa y sus productos. Que instaure una forma de vivir, de pensar y de hacer las cosas que la gente pueda adoptar, tanto dentro (los colaboradores), como fuera de ella (clientes). Que les dé un sentido de pertenencia y coincidencia.

Debes crear entre tus colaboradores una forma de convivir y trabajar que puedan llevar a su vida fuera de la empresa, donde prevalezca la cooperación a la competencia, el estímulo a las sanciones. Si creas un estilo de vida y pensamiento es mucho más probable que quienes piensan igual que tú, te busquen, te elijan.

No tendrás que gastar tanto en publicidad y mercadotecnia para darte a conocer, pues la gente hablará de ti, querrá trabajar para ti, buscará ser parte

de tu comunidad como cliente, como proveedor, como vecino, como socio, como colaborador.

Ciertamente los valores empresariales son pilar de una cultura organizacional y lo que definirá la personalidad única de tu empresa frente a la competencia. Pero de nada sirve una profunda y clara definición de los valores empresariales si estos se quedan plasmados en el papel o como adorno de las salas de tu empresa.

Los valores deben reflejar tu forma de ver y entender el mundo, reflejan el compromiso de la empresa con la sociedad y sirven de inspiración para los colaboradores.

Deberás cuidar mucho su elección que sean valores que vayan acordes a la actividad que desempeña la empresa y a su propósito y compromiso con de responsabilidad social.

Es importante saber inculcarlos dentro de la empresa y que nadie tenga duda que se viven y respiran, ser congruentes entre lo que se postula y lo que se hace, tanto en lo laboral, en lo productivo y socialmente.

Por último (¡El 13 de la buena suerte!). **No lo hagas (Han) Solo.**

Ninguna batalla se gana solo, eso no quiere decir que una Revolución no puede comenzar con uno. Aun cuando siempre se nos hizo creer que en el Universo de las Empresas uno tiene que aprender a arreglárselas solo, no hay nada más equivocado que esto, sobre todo si hay otros que se han sumado en tu lucha por hacer de tu mundo un lugar diferente.

Un Jedi es un maestro, pero quien siempre busca rodearse de alguien más inteligente, ese principio lo debes de seguir al momento de integrar tu equipo de trabajo, que comparta la misma visión y pasión, pero que te ayude a entender y

andar mejor el camino. Busca no sólo a quién se ajusta a tu cultura, sino a quién esté dispuesto a vivir tu cultura.

Y si puedes buscar un mentor (un maestro Jedi) en quien puedas confiar lo bueno (Luke), lo malo (Vader) y lo feo (Jabba) de tu negocio y crecer bajo tu propio liderazgo. Siempre será en tu beneficio allegarte de alguien que vaya un paso delante de ti.

Recuerda: Siempre en movimiento está el Futuro (es un camino permanente)

El ser una empresa Jedi, no es un destino es un camino que te llevará hacia la Luz, pero que debes poner en práctica cada día. Resistir los embates de la obscuridad.

Descubrirás que no hay lado obscuro, ni un lado luminoso: solo el equilibrio de la Fuerza y debes hacer todo lo que puedas para mantenerlo.

El éxito es el equilibrio de la Fuerza; el Poder es lo opuesto, ya lo decía el Emperador Palpatine: sólo es que gana el Poder, tiene miedo de perderlo y hace todo por conservarlo.

Solo hay orden, si hay caos. Solo hay serenidad, si hay pasión. Solo hay éxito, si hay entrega.

Y que la fuerza te acompañe siempre

EL QUE PARTE Y COMPARTE...

Publicado el 20 de agosto de 2019.

¡Ahora qué es eso de Valor Compartido un nuevo alias que sustituye a la Responsabilidad Social, no! pero si la refuerza, la complementa. Toma más sentido si la vemos desde el punto de vista de la empresa como generador de riqueza que cuando se entiende no sólo por el dinero, sino todos los beneficios directos que provienen del ejercicio del negocio gracias al concurso de distintos actores y no únicamente de los más tradicionales: accionistas, directivos y empleados.

Pero porqué alguien ajeno a la empresa, buscaría colaborar en favor de la empresa o más específicamente de su negocio, ¿a cambio de qué? Pues al hablar del valor que produce la empresa, nos referimos no sólo a las utilidades, sino a todos aquellos elementos que son necesarios en su actividad y para obtener utilidades que son legítimas, pero que no debe conseguir a costa de cualquier cosa.

Para la obtención de sus utilidades, la empresa genera tecnología, conocimiento, empleos, proveedurías, derrama económica en las comunidades en donde opera, paga impuestos, etc. Todo esto y todo lo demás que podamos identificar que la empresa genera se llama Valor y en la medida que la empresa este consciente de ello deberá procurar y permitir la apropiación de ese Valor por parte de todos los actores participantes.

El término Valor Compartido fue una propuesta del profesor de la escuela de negocios de Harvard, Michael E. Porter y Mark R. Kramer, en 2011, que define un papel de las empresas dentro de la sociedad que va más allá de la responsabilidad social.

La creación de valor compartido en lugar de enfocarse en mitigar los daños de su operación se centra en la innovación de sus propios procesos para promover el

progreso social, reconocer la aportación de los diferentes públicos de la empresa para la obtención de sus objetivos y de ahí la justificación de buscar el beneficio de todas las partes involucradas.

La empresa que evoluciona a un modelo de creación de valor compartido es consciente de las necesidades sociales y ambientales de su entorno, así como de los beneficios que puede ofrecer a través de su funcionamiento y su reinvención.

Se identifican tres formas principales en las que una empresa puede crear valor compartido:

· Innovar con nuevos productos o servicios capaces de satisfacer las necesidades sociales o ambientales detectadas. Productos que cumplen con la vocación de negocio al tiempo que alcanzan un resultado social.

· Redefinir la productividad de la cadena de valor: la cadena de suministro

es pieza fundamental en el crecimiento de una compañía, misma que también se afecta por las condiciones sociales, ambientales y económicas de su entorno. En este aspecto, el valor compartido se enfoca en encontrar soluciones a problemas de las comunidades que puedan afectar o limitar el desarrollo de la cadena de valor de la empresa, lograr un triple beneficio: a la comunidad, a los proveedores, a la empresa.

· *Desarrollar Clústeres locales: que integren esfuerzos para potenciar una actividad industrial en una determinada zona geográfica. Fortalecer los clústeres locales, permite a la empresa mayor eficiencia en la cadena de valor, generar un menor impacto ambiental y un mejor acceso a información compartida y especializada.*

VOLUNTARIADO CORPORATIVO: ALGUNOS BENEFICIOS.

Publicado el 6 de febrero de 2019.

Beneficios del Voluntariado Corporativo como parte de la estrategia de negocio

Los beneficios para los empleados (voluntarios) son:

Incrementa la satisfacción personal, el sentimiento de comunidad y la autoestima.

Desarrollo personal y profesional. Es una oportunidad de adquirir nuevas experiencias y desarrollar otras capacidades. Ej.: planificación, comunicación, creatividad, trabajo en equipo, liderazgo, negociación y gestión.

Permite satisfacer necesidades de participación y contribución social con el apoyo e infraestructura de la empresa.

Aprendizaje. Ayudará a entender mejor la sociedad y sus problemas.

Favorece espacios de trabajo donde la comprensión mutua y respeto son la prioridad.

- Permite incorporar en el ambiente laboral aspectos como la solidaridad, que normalmente están vinculados al ámbito personal.

- Supone un espacio diferente donde se tratan aspectos que normalmente el trabajo diario no permite.

- Impacto positivo en el balance del trabajo/vida personal, que sin duda mejora el compromiso y desempeño del empleado.

- Fortalece la integración de los colaboradores de la empresa (team building), para mejorar el clima laboral.

- Favorece el orgullo, identificación y lealtad hacia el empleador.

- Incrementa el potencial del empleado para ser candidato a una promoción o cambio de rol dentro de la empresa.

- Incrementa las conexiones y redes dentro de la empresa para alinearlas con sus responsabilidades laborales.

Una oportunidad para el colaborador de ver y experimentar otras realidades y de demostrar que se tiene la posibilidad de contribuir a la mejora de la realidad social.

Beneficios para la empresa:

Las actividades contribuyen a mejorar el trabajo en equipo.

Crea oportunidades únicas para desarrollar las capacidades de los empleados.

Promueve un sentimiento de orgullo y pertenencia de los empleados hacia la empresa.

Aumenta la motivación, reduce la rotación e incrementa la productividad.

Ayuda a posicionarse como una empresa comprometida con los clientes y candidatos que buscan este perfil de compañía.

Forma equipos de trabajo más sólidos.

Es una oportunidad de colaborar con organizaciones e individuos que necesitan ayuda o comparten el deseo de contribuir.

Impacta positivamente la imagen y reputación corporativa. Una oportunidad de mejorar su imagen y reputación como buen ciudadano corporativo.

Ayuda a mejorar la Cultura interna. Puede crear una cultura de compromiso y servicio y mejorar la comunicación interna.

Contribuye a crear un "clima emocional" positivo en la empresa:

Brinda la oportunidad a la dirección y a los trabajadores de compartir en objetivos solidarios comunes.

Genera nuevas alianzas, basadas en la solidaridad entre la empresa y sus empleados

Contribuye a crear relaciones horizontales en el entorno laboral, dejando atrás las relaciones verticales.

Los beneficios para las OSC y para sus usuarios son:

Maximizar recursos limitados como el acceso a conocimientos, habilidades profesionales y experiencias que evitan gastos a la OSC.

Valor agregado. Con presupuestos limitados habrá muchas cosas prácticas que no entren dentro del presupuesto, pero que pueden hacer voluntarios.

Sensibilización. Es una oportunidad de llegar a nuevas audiencias (a veces con mucha influencia) e informarles sobre la causa y/o realidad de su entorno.

Captación de fondos. Es una puerta abierta a futuros socios y donantes.

Ubica a la empresa como parte de una asociación más grande (también incluye

donaciones y otras formas de colaboración).

Generan alianzas con el sector empresarial que pueden ir más allá de una colaboración puntual con la empresa.

Suponen una vía innovadora de captación de voluntariado.

Ayudan a cumplir mejor el objetivo de la organización.

Para la comunidad local:

Supone una nueva forma de relación entre la empresa y la sociedad, ya que los empleados se implican en necesidades comunitarias

La sociedad recibe de la empresa un retorno a través de la acción voluntaria

Genera un sentimiento de proyecto social común.

 Escribe tu propia lista.

Periódicamente sería muy bueno y útil, sobre todo, el que la empresa mediante consultas, encuestas, buzón de opiniones o cualquier otro medio a su alcance, recabe las opiniones de los diferentes involucrados para saber su opinión sobre lo que representa para ellos la actividad voluntaria. Validar en base a su propia experiencia, lo que resulta del programa de Voluntariado Corporativo.

EL PROPÓSITO MÁS QUE UNA GUÍA PARA LA ACCIÓN EMPRESARIAL

Publicado el 2 de julio de 2019.

Ya sabemos que el propósito es nuestro Porqué, sea personal, sea profesional, hablemos como individuos o como empresa.

En especial en este último caso, ¿Cómo es que debemos llegar a él, y después?

Descubrir el propósito, está relacionado primero a entender que cualquier organización está hecha por y para seres humanos, no importa el giro que tenga. Ninguna empresa se crea sola, o como producto de ninguna tecnología, siempre hay alguien detrás que tuvo la idea, la intención, un propósito con ella.

Si conocemos esa parte de la historia, habremos avanzado mucho, sino busquemos quién si y obtengamos la mayor información posible que nos ayude a conocer y entender su porqué, también lo podemos al investigar en documentos, reseñas, reportajes o noticias, en documentos que hablen de la cultura y los valores de la empresa.

Pero de no ser porque la empresa sea joven, necesitaremos también conocer cuál es el sentir de nuestros clientes y de los empleados, su punto de vista es clave, por qué y para qué creen ellos que existimos como empresa, como negocio. Cuál es o cuál esperan que sea nuestra contribución. Solo con un análisis y una visión de 360 grados, podremos hacer un perfil que nos diga "quiénes somos" a partir de la "necesidad en el mundo" a la que respondemos.

Una vez que entendemos quién es una organización y qué papel único pueden desempeñar, es hora de articular el propósito. Para ello debemos hacer una declaración pública de nuestro propósito, tan importante como si fuera el lanzamiento de nuestro último producto. Lo pone en un contexto que permite entenderlo y que tenga eco en los colaboradores, en los clientes y en todos los grupos relacionados con la empresa.

Una vez que tenemos el propósito, debemos darle vida tanto interna como externamente. De lo contrario, el propósito quedará en una simple declaración, en una estéril intención. Debemos hacer de él, no una guía de actuación, sino ir más allá y convertirlo en un propósito con el poder de transformación, integrado en la experiencia diaria tanto de los colaboradores, de nuestros clientes y hasta de nuestros proveedores. En primer lugar. Debemos recolectar historias, que cuenten cómo se vive el propósito. Hay que crear una narrativa, que cuento como se aplica y los beneficios que nos proporciona, así es posible profundizar en él.

Si la cultura y los valores impulsan la estrategia y las tácticas. ¿Qué impulsa la cultura y los valores? el Propósito. La empresa debe saber utilizar al propósito para desarrollar programas que traduzcan los valores genéricos en un

lenguaje dinámico y auténtico. De esta manera, tendrán un significado para todos.

Se trata de asegurarnos que lo vivimos todos los días. Debemos desarrollar una estrategia que permita reflejar el propósito no sólo en nuestras acciones, sino también y sobre todo en todas nuestras relaciones, no olvidemos: por y para las personas.

DECÁLOGO PARA UNA EMPRESA CON PROPÓSITO.

Publicado el 19 de marzo de 2019.

Las empresas con propósito son aquellas que buscan por convencimiento propio un beneficio significativo para la sociedad, más allá de la búsqueda legítima de utilidades y el éxito de su negocio. Porque están convencidas que, al dejar un legado en favor de la sociedad, será la mejor forma de lograr los objetivos de su negocio.

Hacer negocios con un propósito social superior, va más allá de la responsabilidad social de la empresa, porque ve en la generación de valor y relaciones ganar - ganar para todas sus partes interesadas y por supuesto para ella misma, como la única y mejor forma de hacer negocios.

A continuación, propongo y pongo a disposición un decálogo para las empresas y negocios con propósito; que parte de reconocer que cada empresa es una entidad única y con un contexto distinto por lo que es válido que de

acuerdo con su realidad pueda adoptar, adaptar y reordenar los principios de este.

La empresa con propósito:

Identifica un propósito que le guía en todos los ámbitos su actuación, que pone en equilibrio las capacidades de la organización, la pasión por su negocio, el interés de sus partes interesadas (stakeholders) y una aportación significativa para la sociedad.

La empresa reconoce la importancia e interdependencia de sus partes interesadas, con las que busca establecer relaciones ganar-ganar. Nunca, ni en tiempos de crisis esto cambiará.

Pone la ética en el centro de todas sus relaciones, decisiones y actuación. Siempre con transparencia y apegados a sus compromisos.

Hace partícipe a sus partes interesadas en la construcción de la visión de hacia

dónde debe encaminar sus esfuerzos para alcanzar sus objetivos.

Establece mecanismos de seguimiento y reconocimiento por la generación de valor para todas las partes interesadas, en el entendido que, al hacerlo así, genera valor para la organización y por ende también para los accionistas.

Observa y aplica los principios de integridad que rigen en su sector de negocio, tanto locales, como nacionales e internacionales. Estimula a todos sus directivos y colaboradores a hacer siempre lo correcto.

Revisa, apoya y refuerza sus prácticas comerciales mediante políticas que contemplen temas como la igualdad de oportunidades, el balance trabajo-vida personal, el respeto al medio ambiente, la dignidad de las personas y el comercio ético.

Reconoce a sus empleados, colaboradores y proveedores como sus principales aliados con los que comparte propósito y orientan a él su trabajo, lo que los convierte en la ventaja competitiva más valiosa frente a otros actores en su industria.

Crea un entorno de trabajo estimulante, justo, creativo, innovador, de confianza y de colaboración para todos: empleados, clientes, accionistas, proveedores.

Promueve un Liderazgo impulsado por el propósito para aumentar el involucramiento de las partes interesadas internas y externas del negocio, porque está convencida que es la mejor manera dejar un legado.

Para alcanzar los puntos de este decálogo es necesario el pleno convencimiento y atención de los liderazgos de la empresa y el máximo involucramiento de todos los colaboradores.

MÁS QUE CUATRO GATOS.

Publicado el 10 de octubre de 2019

Hacer más grande la Responsabilidad Social Empresarial.

Cuando la empresa se compromete con cuidar la dignidad inalienable de toda persona al tiempo que contribuye para satisfacer sus necesidades básicas y de realización, ejercer su negocio con base a estos principios de responsabilidad social:

Distinguirse por una actuación ética, que impida a toda costa al engaño y la corrupción; por la venta de sus productos o servicios como un acto libre y voluntario.

Trabajar para mejorar la calidad de vida, al colocar a la persona al centro de la empresa y de su negocio; e innovar en su beneficio.

Aportar valor para todos los que en ella participan.

Hacer uso responsable de los recursos y el cuidado del medio ambiente, equilibrar el desarrollo económico con la producción

sustentable, que permita que las generaciones futuras puedan acceder al beneficio de su uso.

Crear vínculos con la comunidad y su desarrollo, para contribuir a reducir la pobreza. Invertir en el desarrollo integral de las comunidades disminuir la desigualdad dentro de su propia empresa, con acciones en favor de las familias de sus colaboradores, en el desarrollo de proveedores locales y en las comunidades en las que opera.

Ejercer un liderazgo consciente, que conduzca a la empresa y a su gente hacia el desarrollo de un trabajo digno, que enaltezca a quién lo realiza, innovador porque busca permanentemente la mejor manera de hacer las cosas, que permita a cada quién poner lo mejor de sí mismos y aprender de la riqueza y diversidad de los demás. Que antepone el bienestar de su gente, con un salario emocional, seguridad física y emocional,

reconocimiento a sus logros y aportaciones y darle oportunidad de formar parte de algo más grande que conduce el negocio de forma digna y equilibrada, en beneficio de todos los grupos de relación.

Actuar como un buen ciudadano corporativo que rinde cuentas de su actuar que siempre está dentro del marco de la ley, que paga impuestos, que cumple con todas sus obligaciones legales, fiscales y de transparencia. Que defiende el estado de derecho, la sana competencia, actúa con prácticas de mercado justas y equitativas y combate a la corrupción.

Demostrar un legítimo interés en la educación como el instrumento más poderoso del que se dispone para el bienestar y desarrollo de la sociedad.

Promover la participación de los colaboradores y sus familias en acciones

cívicas y sociales voluntarias en favor del bien común.

Guiada por un propósito que la identifica con sus públicos internos y externos al vincularlos con una misma aspiración mayor que sí mismos.

Ver más allá de la legítima obtención de utilidades, para dejar un legado social, como el máximo indicador de su éxito.

Es así y solo entonces cuando hablamos de una empresa que es conveniente y significativa.

Hagamos juntos que estos ideales se vuelvan una realidad, hagamos de tu empresa más que un negocio, más que una fuente de empleos, algo mucho más importante que una buena inversión. Nuestra realidad será diferente, si logramos que esto sea algo generalizado y seremos más que tan solo cuatro gatos.

Tú decides, ¿Cuándo?

TENDENCIAS DE LA RESPONSABILIDAD SOCIAL EMPRESARIAL (RSE)

Publicado el 30 de abril de 2019

Una idea me viene a la mente cuando se habla de las empresas y su responsabilidad social: es que fue año muy agitado, con mucha incertidumbre.

Los acontecimientos empresariales, políticos y sociales de los últimos años han puesto en prueba a las empresas de varias maneras y cambiaron el discurso convencional sobre el papel que las corporaciones deberían desempeñar en el avance y el abordaje de los desafíos sociales y globales.

Es cada vez más difícil no encontrar términos como el de responsabilidad social, sustentabilidad, creación de valor compartido, inclusión social en el discurso empresarial. Eso es muy bueno, podemos decir que el concepto, ha llegado a la esfera empresarial, sin embargo, esto no quiere decir que se haya generalizado su práctica, ni mucho menos que esté consolidado.

Hoy vemos con temor que algunas empresas que hace unos años eran las que lideraban el movimiento, han disminuido el acelerador quizá con la falsa idea que la RSE es un punto de llegada y ellas ya están ahí.

Cada vez más vemos empresas con el adjetivo de Socialmente Responsable, pero si esto no lo acompañamos de hechos y de luchas muy concretas, que sustenten y legitimen su declaración y compromiso, el público terminará por no encontrarle un sentido y lejos de distinguirlas en su apoyo y preferencia, y se vacunará de un término muy importante pero que, si no lo respaldamos, terminará por ocultar a los que realmente están trabajan de manera seria.

Ya no basta como hasta hace unos años con ser etiquetada como empresa socialmente responsable, si la empresa no lo ve como un proceso continuo que

debe profundizar su implementación. De pronto dejará de tener sentido, sino respalda su dicho y compromisos con acciones concretas y con demostraciones cotidianas de que esto es algo que se toman muy en serio.

Por otro lado, lo que es cierto también, que es un imperativo para las empresas incorporar esos conceptos, que cada vez más costoso no hacerlo y someterse al escrutinio de sus diferentes públicos. Ya no hay vuelta atrás.

La expectativa es que las empresas continúen ampliar su activismo y la inversión social en los temas que importan a sus empleados, clientes y comunidades. Deben transitar sino lo han hecho, del discurso a la acción, de la respuesta a la propuesta. La agenda misma de las empresas debe ser más

inclusiva, no puede ser más una agenda de la empresa y otra muy distinta la de sus partes interesadas (stakeholders), deben encontrar destinos comunes, hacia los que trabajen de la mano en relaciones ganar-ganar-ganar (empresa-stakeholders-sociedad).

Estas son algunas de las tendencias clave en las que las empresas en lo general deben trabajar:

Las empresas deben de entender que el entorno laboral, el trabajo y el conocimiento y habilidad requerida por sus empleados cambia de forma rápida y profunda. En unos años las carreras profesionales y técnicas que conocemos hoy y que llenan las ofertas educativas de Universidades e Institutos, serán obsoletas.

Y si esto es así porque no vemos al futuro. En la identificación de las nuevas habilidades la empresa tiene mucho que aportar. Las empresas deben de ser

creativos para avanzar en el uso racional de la tecnología, y aprovechar al máximo el valor que da el trabajo humano. Las nuevas generaciones buscan trabajos que le den sentido a su vida y que jueguen parte de su propio proyecto de vida. Los nuevos profesionistas exigen otros satisfactores en el trabajo, como la oportunidad de aportar algo a la sociedad con su trabajo, debemos recobrar el concepto de vocación ante el oficio. Los jóvenes que se suman a la fuerza laboral no están dispuestos a renunciar a la calidad de su vida personal a cambio de más trabajo si este no tiene ningún significado.

La discusión está en el **Futuro del Trabajo y el trabajo del Futuro.**

Desigualdad y Acoso Laboral

Después de todo un torbellino generado en la opinión público por el movimiento

#MeToo y que abrió muchas bocas, que mostraron que el problema que todos sabíamos que existía pero que nadie podía asegurar cuál era su verdadera dimensión. Muchas mujeres de diferentes industrias han mostrado que en todos los ámbitos y a todos los niveles han tenido que lidiar con el acoso sexual y laboral. Y que han puesto de manifiesto que las culturas corporativas y sus políticas han sido cómplices, al no tener medidas para prevenirlo, para establecer los mecanismos internos para denunciarlo y sancionarlo.

Debemos observar con atención a están dispuestas las empresas para enfrentar no solo el acoso laboral, sino la desigualdad en lugar de trabajo.

Como parte de esto, es probable que veamos a las empresas echar un vistazo a

la composición de género de sus equipos de liderazgo y de sus propios consejos, e implementar pasos reales para aumentar el número de mujeres en ambos.

No se trata un juego de números, sino va acompañado de criterios claros de selección y de la erradicación de tabuladores de género, que le dan valor diferenciado a la misma tarea en función del género de quien la realiza.

El año pasado ha sido un hito para las mujeres en el lugar de trabajo, pero es importante recordar que las iniciativas de diversidad deben abordar mucho más.

La conversación sobre **la diversidad** tiene que ser más amplia, pues parece estar cada más centrada en el género. No es una cuestión tan solo de las mujeres, de las personas con discapacidad o de la preferencia sexual de un colaborador. Estos son adjetivos que deben dejar de tener un peso al momento de elegir un candidato para ocupar una plaza, para

otorgar un ascenso, para desempeñar una función, o para determinar la remuneración por el trabajo. La creación de una fuerza de trabajo que abarque cualquier cultura, idioma, edad, orientación sexual, condición, antecedentes y experiencia hará que la empresa sea capaz de encontrar el valor en la diversidad en beneficio de su negocio.

Las empresas ahora se enfrentan a una creciente presión para garantizar la equidad en el tratamiento de todos los empleados y clientes en lugar de simplemente reconocer y celebrar su Diversidad.

Aún están pendientes de discutir temas como el salario digno, la disminución de la brecha salarial y de la equidad salarial.

Hay otros aspectos no menos importantes como lo son **la comercialización responsable**, redimensionar el valor y el sentido de **las**

aportaciones sociales de la empresa (y no hablamos sólo de inversión social, sino de sus productos, servicios, operación y creación de cultura).

Lo que la pone a la empresa al centro del cambio social y no con un rol de proveedor de recursos a la sociedad civil. Poniendo su talento y recursos en beneficio de las organizaciones sociales y causas comunes. Particularmente deben poner atención en el trabajo con mujeres y jóvenes pues es con ellos donde se ha demostrado puede potenciar al máximo cualquier inversión social.

Las Marcas como Estandartes de las Causas Sociales.

Las marcas más que las mismas empresas, tienen una conexión más directa con el público que representa y esto le permite conectar con los intereses que los identifiquen cada vez más con sus

públicos. Además, es relativamente más fácil impregnarle un sentido, darle un propósito que conecte con aquello que mueve a sus clientes. No hablo de las ya conocidas campañas de mercadotecnia ligada a causas sociales, se trata de poner un Por qué a la vida, al desarrollo y conexión de la marca, que se refleje en todo lo que le rodea.

Las marcas son el nombre y apellido de lo que la empresa tiene como respuesta a las necesidades de la sociedad, en la que requieren ser la elección preferente para el consumidor, al que ya no le basta el precio y calidad.

Encontrar el propósito de una marca, que la vincule a una lucha mayor en la que su presencia invite a otros a sumarse. Si la marca tiene la confianza de la gente, se fortalece y al hacerlo gana la empresa.

También podemos esperar una acción más centrada, con empresas que designen áreas sociales o políticas donde puedan hacer el mayor impacto y dedicar más recursos hacia iniciativas proactivas, menos asistenciales y que agreguen valor tanto a la empresa como a las comunidades en las que operan. Veremos el surgimiento de más áreas de responsabilidad social, valor compartido, sustentabilidad, asuntos con la comunidad, fundaciones empresariales, que bueno. Ojalá no se caiga en la tentación de creer que porque estas áreas existen la tarea ya se cumplió.

La responsabilidad social de la empresa NO es tarea exclusiva de las áreas de RSE. Debe ser una función que asumen todas las áreas y todos los niveles de la organización.

Será crucial que los dirigentes empresariales declaren públicamente cuál es su posición frente a los grandes

temas sociales, y en esto la Agenda de los Objetivos para el Desarrollo Sustentable, resultan en una gran oportunidad para que las empresas identifiquen temas que les son afines. Sensibles para sus diferentes públicos, para enfrentar juntos una batalla para contribuir juntos en su solución. La empresa debe comprender que su éxito se dará en la medida que entienda que sus clientes son todos sus grupos de relación, que debe significar un generador de valor para todos, quizá con distintos pesos, pero no puede abstraerse de atender a todos sus públicos.

Las empresas deben invertir en nuevas formas tecnología que no se enfoquen en sustituir la intervención humana, sino que busquen minimizar o reducir al máximo el efecto negativo en el entorno. Que reivindiquen el papel del trabajador, agregar valor a través de un trabajo mejor calificado y en condiciones que le

permitan también su desarrollo como seres humanos,

Hay una revolución empresarial que está arrastra a todos hacia prácticas más responsables en cuanto al uso de la energía, las formas de producir, distribuir y hasta de vender sus productos y servicios. Dando la cara a los principales desafíos globales.

Los últimos años han sido muy activos en temas relacionados con la sostenibilidad, la globalización, la incidencia en cuestiones sociales y múltiples desastres naturales, la participación empresarial en la construcción del tejido social. La participación de la empresa en la preservación de la paz social en muchas regiones ha sido clave, con su voto de confianza en las comunidades... y trabajar de la mano con ellas. Pero

también fue un año de pasividad y de silencio para algunos, que se agazaparon mientras veían pasar los embates del entorno, sin darse cuenta de que es precisamente su responsabilidad social la que les permitiría llegar fuertes y afianzar su papel en el entorno económico y social. Algunos de estos problemas y tendencias continuarán en 2019, pero los líderes deben esperar ver los siguientes cambios notables:

Es una gran oportunidad para las empresas, de fijar una posición ante sus públicos, y dejar atrás la idea que la empresa es esa entidad explotadora de capital humano, extractora de riquezas y egoísta en sus intereses, sin un mínimo de legitimo interés por los asuntos sociales. Frente a eso las empresas deben desempeñar un papel activo en la conducción de cambios sociales y medioambientales.

La Responsabilidad Social de la empresa, es un concepto que se llenó de significado y que se ha acompañado de muchas herramientas y técnicas que buscan apoyar su implantación, su profundización y su mejora continua. Ya no basta con leer en Google una definición, o tratar de ajustarnos a las definiciones como la de la ISO26000 o la versión libre de organismos promotores de la misma, todas son válidas y marcan un camino, pero que es necesario aterrizar a la realidad de cada empresa y su entorno.

Es necesario que la empresa prepare a sus ejecutivos y colaboradores en cómo conectar con la comunidad, generar valor compartido, lograr la equidad salarial, etc. de manera que estos temas puedan circular de una vez por todas en las

venas, arterias y tejidos de la organización.

Para ello será necesario sistematizar las experiencias, buscar o crear foros que permitan conocer e intercambiar experiencias con otras empresas, pero sobre todo promover espacios de diálogo entre pares y entornos formales que pongan en discusión critica los asuntos que debe enfrentar la empresa.

Veremos con el tiempo cual es el comportamiento de la Responsabilidad Social y de las empresas en este año, pero conservo la confianza en que este movimiento ha superado ya sus etapas críticas, y entra ya a una etapa de mayor maduración, pero también de más exigencia, que dará valor, mucho valor a quién sepa transformar sus retos en oportunidades al identificar ese propósito

que les permita ver más allá del qué hacer y cómo hacer de los negocios, al responder una pregunta más profunda: Por qué

Toda empresa es una comunidad en sí misma y sólo a ella le corresponde la definición, el diseño y la implementación de sus políticas de responsabilidad social, las más adecuadas en relación con sus valores, a las expectativas de sus partes interesadas y al impacto social que pretende alcanzar mediante el ejercicio de su #negocio. Por ello es por lo que resulta tan difícil encontrar una definición que refleje fielmente su significado en el actuar de cada organización.

Al definirla, al adaptarla o simplemente adoptándola. Es un hecho que las empresas socialmente responsables (ESR) con ello guiarán mejor su conducta.

Si además esta se inspiradas en su Propósito (aquello que las diferencia de otras y que se define por cómo ve su aportación única a la Sociedad), lograrán ser más productivas, incrementar su valor y ser más competitivas en el mercado global.

En una era en la que la disrupción es tan común en el mundo empresarial, tanto para positivo como en una concepción más negativa. Donde los que hace diferente a una empresa, no pueden ser solo la calidad y el valor. Estos ya no son suficientes para definir la elección del consumidor. Resulta entonces cada vez más un imperativo para la empresa definir su porqué.

No es de extrañar que los grandes negocios, junto con la política sean dos

sectores que gozan de una desconfianza generalizada entre diferentes sectores de la Sociedad, en prácticamente cualquier rincón.

Lo que ha forzado a muchas empresas a buscar forzadamente su conexión con la sociedad, pero si esto, no se respalda por los hechos, surgirán las sospechas de falta de congruencia y sinceridad. Lo que terminará por vacunar a la comunidad de confianza, tan necesaria para la empresa para operar.

Es imperativo aprender a pasar del discurso del menor daño, a otro donde se reconozca a sí misma como un factor positivo de cambio y de conducta capaz de trabajar junto con otros ciudadanos en favor del bien común.

TE RETO a... transformar tu empresa

PUBLICADO EL 19 DE diciembre DE 2019.

Como líder (no importa tu nivel en la empresa), te reto a que asumas todos o al menos algunos de estos retos:

a. Actuar con responsabilidad social, desde una perspectiva sistémica y amplia, de manera que pase a formar parte integral de las estrategias de tu negocio y de su sistema de planeación interna.

b. Poner énfasis en la generación de valor para todos tus grupos de interés, más que en el responder de forma selectiva y discrecional a algunas de sus expectativas.

c. Apostar más en la aportación de los productos y servicios de tu empresa a las grandes necesidades y problemáticas sociales, aunque sean menos los montos que la empresa "invierte o dona" a la sociedad.

d. Desarrollar productos virtuosos para el mercado, como aquellos como los orientados a la base de la pirámide, a los

negocios inclusivos o la creciente demanda de productos y servicios verdes o ambientalmente amigables.

e. Transformar tus marcas en marcas impulsadas por propósitos. Que sean relevantes para todos los grupos de interés.

f. Ejercer un liderazgo auténtico articulado por el propósito de tu empresa y convertirlo en el eje de cómo se gestiona tu negocio.

g. Premiar los comportamientos correctos. Las decisiones diarias, en particular las comerciales impulsadas por el propósito de la empresa, que sean tomadas y realizadas a todos los niveles por tus colaboradores.

h. Armar una oferta de Productos y Servicios que avancen en el logro del propósito de tu empresa.

j. Garantizar que el posicionamiento de la marca de tu compañía alinea su

propósito y la comunicación con tus clientes.

k. Hay que asegurar que todas las actividades e impactos de tu negocio sean cuidadosamente gestionados de acuerdo con la promesa hecha por su propósito.

l. Construir Relaciones más profundas con tus clientes y colaboradores.

m. Trabajar a diario para que el propósito de tu empresa sea la base para una relación con tus clientes que va más allá de la transacción, que los conecte emocionalmente a tus marcas y lo que representan.

n. Garantizar que todos tus públicos sean considerados como socios identificados con la visión de la empresa, en lugar de simples consumidores o clientes.

o. Entender a tus clientes, (y potencialmente a otras partes

interesadas también) en un nivel más profundo, viendo más allá de los patrones de comportamiento de los consumidores para entender mejor a las personas y sus necesidades como ciudadanos.

p. Vayas más allá de venderle a tus clientes. Promoviendo una discusión sobre temas relacionados a tu sector, alentando a los clientes a cambiar comportamientos en favor de prácticas de consumo más conscientes y responsables.

q. Asumas un papel como mentor de tus proveedores en especial de los locales.

r. Trabajar con tus colaboradores, socios, cadena de suministro, la academia, gobierno u organizaciones sociales para encontrar nuevos nichos y desarrollar soluciones de mercado exitosas y para aumentar la efectividad y el alcance de su impacto en la sociedad.

s. Animar a tus colaboradores a verse a sí mismos como dueños del propósito de la empresa, permitiéndoles añadir su propia energía y creatividad para resolver problemas y desarrollar soluciones a los retos que se les presenten.

#CSResponsibleChallenge

CONSPIRACIÓN O REVOLUCIÓN

Publicado el 19 de agosto de 2019.

Se dice que para que las cosas cambien dentro de una organización debe suceder alguna de las siguientes cosas. Bien que exista un líder que del Mandato de hacer las cosas diferentes; que algún factor externo nos obligue a cambiar o que quienes conforman la organización empujen un cambio desde adentro. La mayoría de las veces son los dos primeros factores los que determinan en cambio, y se reconocen como naturales. Cuando el cambio se promueve desde abajo está mal identificado como una rebeldía, pero no debiera verse así, hay cambios positivos en favor de una organización que pueden venir desde adentro.

¿Por qué no pasan las cosas?

Porque la mayoría de las veces que hay algo que no nos gusta, esperamos a que venga un líder a cambiarlas. Es más cómodo en tanto, no permite sumarnos a lo que nos sentimos identificado, o nos

evita el compromiso de proponer y buscar por nosotros mismos las soluciones.

Pero aún sin ese líder que nos proponga un nuevo compromiso, una nueva visión, filosofía o metodología, podemos hacer que las cosas cambien desde nuestra posición, hacer que el cambio venga desde abajo, desde el centro de la propia empresa. Basta con encontrar quienes quieran el cambio para mejor, y convocarlos alrededor de un Propósito compartido con la empresa. Una empresa exitosa brinda bienestar y la satisface a todos sus integrantes y públicos más involucrados.

Todos deseamos, merecemos y PODEMOS trabajar para una empresa que busque ser parte de algo más grande, una empresa que sea diferente, que sea capaz de dejar un legado que la sociedad celebre.

Hacer lo correcto, no siempre es hacer lo esperado. Si fuera así, nada hubiera cambiado, todo se haría como está establecido.

La realidad es que todo cambia sin que podamos evitarlo. Pero se transformaría aún más rápido, si nosotros dejamos de aferrarnos tanto a lo establecido, porque no nos damos cuenta de que al cambiar también evolucionamos.

Pero tenemos en nuestras manos hacerlo cambiar hacia donde nosotros queremos, hacia lo que aspiramos y no hacia donde nos dictan que hay que llegar.

Nos sentimos insatisfechos, porque en nuestra vida buscamos constantemente el éxito, pero definido con parámetros que nosotros no establecimos y lo hacemos por los caminos que otros nos dictan y que tampoco son capaces de asegurarnos alcanzarlo.

Debemos ser conscientes que el éxito no es el fin, no es un lugar al que llegar. El éxito es un estado en el que podemos estar en distintos instantes de nuestra vida, es un indicador que se enciende cuando estamos cerca de nuestro Propósito.

Pero tenemos que buscarlo cada día, y trabajar para mantenernos cerca de eso a lo que aspiramos. Es entonces que alcanzamos una verdadera transformación, que se construye de momentos, que cuentan la historia de cuando sentimos cerca nuestro propósito y nos sentimos realizados.

Esas historias son las que nos conectarán con otros que buscan lo mismo y que se complementa con las suyas. Es entonces cuando se gesta esa Conspiración que hará de nuestra empresa, de nuestro trabajo y de nuestra vida algo tan valioso y digno de ser vivido.

Tú puedes ser el conspirador que ayude a transformar para bien tu empresa, tu sociedad y tu vida dándole un Propósito. Transformar el mundo, una empresa a la vez.

¿Quién dará el primer paso?

LA RESPONSABILIDAD SOCIAL TIENE QUE SEGUIR CAMINANDO

Publicado en marzo 2020

A lo largo de los últimos años he sido testigo y parte de toda una corriente que ha trabajado con la visión de lograr que la empresa mexicana, se reconozca a sí misma y sea percibida como creadora de valor y generadora de un bienestar que promueve el bien común.

Hemos aprendido como a través del ejercicio de su responsabilidad social, se ha contribuido al surgimiento de una nueva Cultura empresarial y una forma diferente de hacer negocios.

La gran mayoría de las empresas reconocen la importancia de respetar los valores, a las personas, la comunidad y el medio ambiente, más allá de prácticas o iniciativas ocasionales, motivadas únicamente por la mercadotecnia, las relaciones públicas u otro tipo de beneficio.

Con una idea es clara: ¡la responsabilidad empresarial es compromiso en acción!

Las empresas que asumen desde el liderazgo su ciudadanía con una profunda visión social fundamentada en políticas y decisiones impactan positivamente en la ética de los negocios, en la calidad de vida de sus colaboradores, en el entorno y en el desarrollo de las comunidades en las que operan.

Las empresas están comprometidas en minimizar el impacto negativo que resulta de sus actividades, basadas en una abierta y constante comunicación con sus grupos de interés. Las que van más allá, no se limitan a resarcir los daños o minimizarlos, se anticipan a ellos para evitarlos.

La Responsabilidad Social va más allá de filantropía, más allá de una buena reputación, o cumplir con la ley, es ser consistente con los intereses de la sociedad y su propósito, influyendo de forma proactiva en beneficio de su gente,

su sector, su entorno... y su cadena de valor.

Tener presente que detrás y delante de cada negocio está la persona y que es el reconocimiento del valor humano y no otra cosa, lo que existe detrás del éxito sostenible de las empresas, que por su esfuerzo y compromiso se han colocado como factor de cambio social.

Orgullo de congruencia al observar la evolución propia cuando se mira al pasado y al futuro, orgullo de ser un grupo, una comunidad, una cofradía de líderes, que está cambiando a México.

Hoy debemos ir más allá del compromiso y la declaración, debemos traducirlo en acciones y resultados concretos, que muestren el valor de la aportación y legado que cada empresa es capaz de aportar.

El día de hoy es reconocido por todos que la empresa es una fuerza capaz de

identificar y proponer soluciones que cada vez con mayor precisión, atiendan las necesidades sociales de su entorno.

No es momento ya de dadivas o de inversiones a fondo perdido, es momento de perfeccionar las estrategias de intervención y maximizar el impacto de la actuación y contribución empresarial hacia la generación de riqueza en general para la sociedad y su acceso para el bien común.

Debemos replantear el papel de la empresa en la sociedad más allá de ser generadora de empleo, el pago de impuestos, el patrocinio de iniciativas de educación, calidad de vida y apoyo para las ciencias y las artes. Más allá de la búsqueda legitima y ética de utilidades para sus dueños e inversionistas. Trasladando el horizonte de sus decisiones del corto al largo plazo. Recuperando la credibilidad de la

empresa, de los seres humanos y de éstos entre sí.

La responsabilidad es ineludible, dejó de ser una moda, o un acto conveniente, es un imperativo de sustentabilidad para el éxito, para la generación y distribución de la riqueza y para generar mejores hombres y mujeres protagonistas de cambio.

El futuro de la empresa es cómo una herramienta de cambio en favor del trabajo decente, del acceso e inclusión social de todos los sectores, de democratizar de los mercados, de respetar y garantizar la igualdad de todos los grupos y corrientes dentro de la sociedad. Creando un vínculo empresa-sociedad que no desaparecerá jamás

Es también la contribución de la empresa a la solidaridad humana como herramienta única que los pueblos tienen para desarrollarse en un ambiente armónico, pacífico y prometedor.

La responsabilidad social refleja el compromiso que tenemos con el éxito compartido ... ¡El camino no se acaba, se sigue abriendo el horizonte, para hacer crecer nuestra participación!

La sociedad distingue y hace suyas a todas estas empresas que día a día trabajan por México, por Latino américa, por un Mundo mejor, más digno y con mejores oportunidades para todos.

Es momento de dar el brinco a un siguiente nivel, de hacerlo ahora impulsados por la auto convicción y no por las presiones del mercado o la sociedad.

EL (ANTI)DICCIONARIO DE LA RESPONSABILIDAD SOCIAL EMPRESARIAL SEGÚN LOS NO CREYENTES...

Publicado el 11 de julio de 2019

Alianzas intersectoriales: todas aquellas acciones que convencemos a otros para que pongan recursos y que hagan junto con nosotros para solucionar aquellos problemas sociales que nos afectan y que al final será en bien de todos.

CEO: capataz empresarial (de alta preparación) obligado por los shareholders a producir el máximo de utilidades en el menor plazo posible.

código de conducta: todo aquello que nos gustaría que nuestros empleados conocieran y que nuestros colaboradores actúen de acuerdo con él.

donativo: aportación limitada económica o en especie que otorga discrecionalmente el dueño, la esposa del dueño, la secretaria del director o el director de la planta a la organización social que lo solicite o que les interesa aun cuando nada tenga que ver con la empresa.

empresa socialmente responsable: aquella empresa que declara que está comprometida con la sociedad, adopta algunos estándares, hace un reporte social, tiene un voluntariado, cumple con lo que la ley le exige, brinda trabajo justo, le da oportunidad a micro, pequeñas y mediana empresas de formar parte de su cadena de valor, tiene una fundación empresarial, tiene una buena reputación y busca quien se lo crea.

empresa: un ingenioso instrumento humano utilizado para obtener utilidades individuales sin caer responsabilidades individuales.

estándares: aquello que debemos igualar porque otros ya lo hacen.

fundación empresarial: instancia de relaciones públicas y con la comunidad desincorporada de la empresa creada para la empresa para otorgar apoyos o implementar los programas que le hacen

sentido a la buena reputación de la empresa.

ISO 26000: norma que no norma (no es certificable), que dice de una forma compleja como la empresa debiera gestionar su negocio y no lo hace y que expertos y organizaciones discutieron por años para ponerse de acuerdo.

mercadotecnia con causa: publicidad hecha por la empresa para que el público compre nuestros productos a cambio de apoyar a una causa destinando parte del sobreprecio que ellos pagan por ello.

pacto mundial: acuerdo que suscriben las empresas en el que dicen estar de acuerdo en 10 principios que les permite aparecer en un selecto listado de empresas y organizaciones que son ejemplares por su compromiso.

producto: aquello que produce la empresa, que nos hace creer que lo

necesitamos y que nos lo vende como si realmente fuera.

reportes de sustentabilidad o RSE: documentos de lenguaje técnico e incomprensible para la mayoría, que pretende mostrar el gran compromiso, responsabilidad e impacto social, económico y ambiental de la empresa, y que termina sin leerse en el escritorio, libreros o salas de espera de quienes lo recibieron.

reputación de la empresa: es la percepción que la empresa busca crear ante sus públicos, como resultado de lo que dice que hace y lo que la gente si cree que hace.

responsabilidad: aquello a lo que nos vemos obligados a hacer, para remediar o compensar cuando el impacto de lo que hacemos afecta al grado de poder afectar nuestras operaciones.

sustentabilidad: cuando se emplean las técnicas y tecnologías de producción que nos permitan ser más eficientes y ahorrar recursos, para decir a nuestros públicos que lo hacemos para salvar el planeta.

trabajador: recurso utilizado a su máxima capacidad para que el ceo cumpla con sus metas.

trabajo justo: pagar a tiempo a nuestros colaboradores, facilitamos lo que requieren para trabajar. pagamos lo que marca la ley. y les reconocemos cuando cumplen más allá de lo mínimo que se les pide.

utilidades: aquello que obtenemos como resultado de por poner nuestro dinero en un proyecto para que otros lo trabajen.

valor compartido: es todo aquello que pagamos, hicimos u otorgamos a nuestras partes interesadas que, si no existiéramos nosotros, nadie se los

hubiera dado y por lo cual nos deben de estar agradecidos.

voluntariado corporativo: todas aquellas iniciativas sociales y comunitarias que convencemos para que nuestros empleados realicen en nuestro nombre fuera del horario de trabajo.

10 LIBROS PARA LLEERSE

Publicado el 27 de marzo de 2019.

Les comparto una selección de mis libros de cabecera para comprender mejor la Responsabilidad Social Empresarial, a mi consideración son lecturas obligadas para todos lo que aspiramos a que las empresas nos aporten un mundo mejor y más consciente.

Con ello, espero contribuir a la reflexión y discusión sobre el papel que tiene la empresa y el modelo del Capitalismo como herramientas que pueden promover el desarrollo con un impacto positivo a la Sociedad, al tiempo que alcanzan sus legítimos intereses de generación de riqueza y de valor de una forma sustentable.

El orden de los libros no responde a ninguna jerarquización, simplemente están presentados de forma aleatoria, con un breve resumen para que puedas leer aquel que responda a la pregunta que le quieras formular. Esta relación

tendrá de mi parte una actualización permanentemente, por supuesto que acepto también recomendaciones.

The Conscious Captitalism. Raj Sisodia

Un libro indispensable para toda persona que quiera construir un mundo más humano y cooperativo, y un futuro mejor para todos. La idea base es que la creación de valor de las sociedades no es sólo para los accionistas, sino para todos: clientes, empleados, proveedores, inversores, para la sociedad y el medio ambiente.

A través de tener en cuenta los puntos resaltados por los autores se pueden construir mejores empresas y negocios que hagan que el capitalismo alcance todo su potencial y cree valor para todos nosotros. El "Capitalismo consciente", además de un libro, es una organización que se está internacionalizando con

capítulos en distintos países para fomentar sus ideas.

The Ethics of Neoliberalism: The Business of Making Capitalism Moral. Peter Bloom.

El siglo 21 es la era del "neoliberalismo" - donde el libre mercado se extiende a todas las áreas de la vida económica, política y social. ¿Sin embargo, cómo esto está cambia nuestra ética individual y colectiva? ¿Capitalismo será también nuestra nueva moral? De la creciente demanda popular de responsabilidad social corporativa al deseo personal de "conciliación". ¿Por qué si el Capitalismo, está tan lleno de contradicciones, entonces parece que sigue siendo tan fuerte como siempre?

La ética del neoliberalismo propone que neoliberalismo estratégicamente coopte a la ética tradicional ideológica y

estructuralmente para fortalecer el capitalismo. Produce "al capitalista sujeto ético" que es personalmente responsable de su sociedad, lugar de trabajo e incluso su vida "más ética" frente a un mercado libre inmoral pero aparentemente permanente.

The Moral Capitalism, Reconciling Private Interest with the Public Good. Stephen B. Young

Es necesario un plan para la justicia social global y este libro nos demuestra que los estándares éticos inherentes en el capitalismo han sido 1) comprometidos por los valores culturales contrarios al espíritu esencialmente igualitaria y racional del capitalismo y 2) torcidos por la doctrina civil, miope del Darwinismo social en lo que él llama 'capitalismo bruto'. El texto presenta cómo la Caux Round Table for Moral Capitalism propone un plan para un nuevo

'capitalismo moral' y muestra cómo, guiados por estos principios, el capitalismo es el único sistema con el potencial de reducir la tiranía y la pobreza global y abordar las necesidades y aspiraciones de los individuos, sociedades y Naciones.

CSR 2.0: Transforming Corporate Sustainability and Responsibility. Wayne Visser.

El libro examina la evolución y estado actual de la responsabilidad social empresarial (RSE), utiliza un modelo de madurez de cinco etapas: defensiva, beneficencia, promocional, estratégica y transformadora de la RSE. Las cuatro primeras etapas son denominadas RSE 1.0 y caracterizan las prácticas de RSE más actuales, mientras que la quinta etapa se denomina 2.0 RSE (también transformadora o sistémica) y describe

las prácticas de RSE de emergentes y futuras.

Muestra como la RSE 1.0 no tiene ningún impacto significativo en los más graves desafíos sociales, ambientales y éticos globales. Mientras que la RSE 2.0 se fundamenta en cinco principios sustanciales que sustentan el nuevo enfoque: creatividad, escalabilidad, capacidad de respuesta, glocalidad y economía circular.

Corporate Social Responsibility, A very short introduction. Jeremy Moon

Responsabilidad social empresarial ha sido definida como 'la respuesta de las empresas por su impacto en la sociedad'. El autor explora el lugar de la RSE en contextos económicos, sociales, políticos y de gestión, esta breve guía considera sus muchos aspectos positivos, pero también los desafíos, que puede

presentar la RSE para empresas, sociedades y gobiernos.

Making Sustainability Work: Best Practices in Managing and Measuring Corporate Social, Environmental, and Economic Impacts. Marc J. Epstein y Adriana Rejc Buhovac.

La mayoría de las empresas hoy en día reconocen tener un compromiso adquirido de responsabilidad social corporativa, pero implementar estas iniciativas puede ser particularmente difícil. Aunque mucho se ha escrito sobre los factores éticos y estratégicos, todavía hay escasez de información sobre las prácticas y como estas se implementan. Y como alinear la RSE con la mayoría de otras iniciativas de organización para mejorar el rendimiento financiero, para alcanzar una sostenibilidad amplía que incluya a los factores de éxito del negocio

al desempeño social y ambiental, que es mucho más difícil de medir.

WEconomy. You can find Meaning, make a Living and Change the World. Kraig Kielburger.

El Propósito y el beneficio son poderosos motivadores humanos. WEconomy es una guía a la evolución de los negocios. Nos permite descubrir el secreto para lograr el propósito de la empresa con ganancias para quienes trabajamos en ella como para la propia compañía, todo mientras se logra un impacto positivo. ¿Imagina que te paguen para cambiar el Mundo, no sería maravilloso?

Strategic Social Responsibility, Sustainable Value Creation. David Chandler

Chandler redefine la responsabilidad social empresarial (RSE) como el centro de la creación de valor de la empresa.

Basado en una teoría de los actores empoderados, este texto sostiene que la responsabilidad de una empresa es crear valor, ampliamente definido.

Corporate Social Responsibility & International Development Is Business the Solution. Michael Hopkins

Si el negocio del negocio es el negocio. ¿Por qué las empresas deben participar en desarrollo? Este libro presenta el caso de como los gobiernos y sus agencias internacionales, agrupadas bajo el paraguas de las Naciones Unidas, han fracasado en su intento de librar al planeta de la pobreza y el subdesarrollo.

Si el desarrollo es el objetivo parece que la solución puede ser la responsabilidad que recae en el sector privado - especialmente a través de los programas de Responsabilidad Social Corporativa

(RSC) de las grandes corporaciones, con su enorme poder económico y fuerza.

Escrito por el destacado pensador y analista de la RSE Michael Hopkins, este libro es el primero en vincular explícitamente RSE con el desarrollo. Detalla lo que hacen las corporaciones por el desarrollo, y qué más se podría hacer. Cómo la RSE puede ser una herramienta útil para promover el desarrollo económico a través de las corporaciones.

Ética y responsabilidad social en la empresa. Fernando Chomalí

Armonizar las responsabilidades económicas de las empresas con aquellas de índole ética es, sin duda, uno de los grandes desafíos que deben responder los empresarios de cara a la sociedad. En el libro "Ética y responsabilidad social en la empresa", los autores parten de la base

de que, al contrario de lo que se suele pensar, dar respuestas a los dilemas éticos no es una tarea fácil.

En esta obra los autores presentan la dimensión ética de la actividad de las empresas no sólo como una oportunidad de mejores expectativas económicas, sino también como promotora de una sociedad más justa, a través del respeto de la dignidad de las personas en un contexto de apoyo familiar. Este texto es una invitación al ejecutivo a enfrentar el desafío de considerar a la empresa como una auténtica escuela de humanidad y de desarrollo de las personas.

Social Responsibilities of the Businessman. Howard R. Bowen

La Responsabilidad Social Empresarial (RSE) expresa una moral que es fundamental en el comportamiento de una empresa hacia la sociedad. La empresa debe seguir un comportamiento ético hacia las partes interesadas, reconocer su ambiente legal y regulatorio. La RSE cobró fuerza en finales de los años 1950 y 1960 con la expansión de las grandes corporaciones. Sostiene que a raíz de la crisis financiera de 2008 – 2010, la RSE ha vuelto a ser un enfoque para la evaluación de conducta corporativa.

REFERENCIAS SOBRE EL PROPÓSITO Y LA EMPRESA

Publicado el 5 de julio de 2019.

Últimamente ha tomado mucho interés explorar y entender el sentido de un Propósito en los Negocios, y aun cuando esto es relativamente nuevo ya podemos encontrar muchas referencias que nos hablan del tema, así como un número mayor de casos (de éxito) que la han puesto en práctica.

Aquí comparto tan solo algunos de ellos, con la intención de facilitar la reflexión y conocimiento sobre el tema, la idea es enriquecerlos, así que si conoces algunos más será muy agradecido el que lo compartas.

¿Será una evolución del rol social de la empresa, o será volver a los orígenes retomar la esencia de lo que la empresa nunca debió dejar de ser?

Una empresa o negocio con propósito se conduce la identificación y búsqueda consciente y consistente de un dejar un

Legado a la comunidad sea en términos de beneficio social, ambiental o cultural al tiempo que alcanza su éxito plasmado en la creación de valor de una forma ética y sustentable.

For Profit or For Purpose, Associations Now, February 2006, Author: Bill J. Harrison; https://m.asaecenter.org/Resources/ANowDetail.cfm?ItemNumber=147822

Why is profit for purpose so dam cool? Australian Anthill, December 2012, Author: Todd Spear; http://anthillonline.com/why-is-profit-for-purpose-so-darn-cool/

Profit for a Purpose, Skoll Foundation Archives, September 2006, Author: Elizabeth Isele; http://archive.skoll.org/2006/09/25/profit-for-a-purpose/

Social purpose business (SPB) models, MaRS, December 2009;

https://www.marsdd.com/mars-library/social-purpose-business-spb-models/

America's Most Promising Social Entrepreneurs, Bloomberg Business, April 2009;
http://www.bloomberg.com/ss/09/04/0403_social_entrepreneurs/index.htm6

America's Most Promising Social Entrepreneurs: Peace Works Holdings, Bloomberg Business, April 2009;
http://www.bloomberg.com/ss/09/04/0403_social_entrepreneurs/

America's Most Promising Social Entrepreneurs: Revolution Foods, Bloomberg Business, April 2009;
http://www.bloomberg.com/ss/09/04/0403_social_entrepreneurs/

America's Most Promising Social Entrepreneurs: Stonyfield Farm, Bloomberg Business, April 2009;
http://www.bloomberg.com/ss/09/04/0

403_social_entrepreneurs/

America's Most Promising Social Entrepreneurs: TOMS Shoes, Bloomberg Business, April 2009; http://www.bloomberg.com/ss/09/04/0403_social_entrepreneurs/

America's Most Promising Social Entrepreneurs: Better World Books, Bloomberg Business, April 2009; http://www.bloomberg.com/ss/09/04/0403_social_entrepreneurs/

Companies Leading the Next Wave of Profit with Purpose, FAST Co Exist, May 2015, Author: Philip Haid; http://www.fastcoexist.com/3046684/4-compani

es-leading-the-next-wave-of-profit-with-purpose

Profit with Purpose Business: The New Frontier for the Social Economy, UNLTD, September 2014; https://unltd.org.uk/2014/09/15/profit-

purpose-business-new-frontier-social-economy/

The Deloitte Millennial Survey 2016: Winning over the next generation of leaders, Deloitte, 2016; http://www2.deloitte.com/global/en/pages/about-deloitte/articles/millennialsurvey.html

PUEDES LEER MÁS EN

http://www.linkedin.com/felipecajiga

https://www.4apurpose.org

https://purposeability.guru

www.ingramcontent.com/pod-product-compliance
Lightning Source LLC
Chambersburg PA
CBHW030617220526
45463CB00004B/1328